섭리의 밥

섭리의 밥

펴낸날   초판 1쇄 2025년 7월 3일

지은이   김지영
펴낸이   서용순
펴낸곳   이지출판

출판등록 1997년 9월 10일
등록번호 제300-2005-156호
주소   03131 서울시 종로구 율곡로6길 36 월드오피스텔 903호
대표전화 02-743-7661 팩스 02-743-7621
이메일   easy7661@naver.com
인쇄   ICAN
물류   (주)비앤북스

ⓒ 2025 김지영

값 15,000원

ISBN 979-11-5555-259-9 03810

※ 잘못 만들어진 책은 교환해 드립니다.

김지영 시집

섭리의 밥

이지출판

작가의 말

매화를 탐하던 나비가 떠나고
초록이 사태로 몰려오는 오월,
취나물에 고추장 얹어 한 쌈하고 싶은데,
신성한 초대장에 이런 것 넣어도 되냐고 묻네요.

2025년 5월 강동에서
김지영

차례

작가의 말 • 5
에필로그_ 나는 빚진 자입니다 • 212

1부 상수의 계절

삼월의 수소문 • 12
손톱 • 14
획 • 15
향기로운 자 • 16
찰나 • 18
지문 • 19
정오 • 20
천변 • 22
곡우 • 23
등나무 꽃 • 24
지하철 타다 • 26
감나무였습니다 • 28
모란 • 29
상수의 계절 • 30
개구리 • 32

수도관 교체하다 • 34
녹색(0.1 G 5.2/6.2) • 36
그 집에 • 38
풀잎 끝 잠자리 • 39
바람의 집 • 40
달력 • 42
무사했구나 • 44
내 안의 연못 • 45
앵무새 놀이 • 46
제물 • 48
카페에서 • 50
봄 길 • 52
일요일 • 54
오후 네 시 • 56
선물 • 58

2부 뼈가 줄어드는 밤

망초꽃 • 60

어머니 의자 • 62

식물성 언어 • 64

멸등 • 66

슬그머니 • 68

이석증 • 70

아카시아 꽃방 • 71

창 • 72

뼈가 줄어드는 방 • 74

여기에 • 76

삼겹살 • 78

서랍 • 80

지렁이 가다 • 82

새벽 • 84

양말 한 짝 • 86

공식적 죽음 • 88

벚꽃 • 90

빨강 • 91

그냥 • 92

고향 가는 길 • 93

염천 • 94

노송 • 96

가을이 온다 • 98

커피 내리는 아침 • 100

오후의 미용실 • 102

밤 • 104

여길 지나가 • 106

톤레샵 • 108

식탁보 • 110

장미가 흐드러졌습니다 • 112

3부 섭리의 밥

밥 1 · 114

밥 2 · 116

밥 3 · 117

밥 4 · 119

밥 5 · 121

밥 6 · 122

밥 7 · 123

밥 8 · 124

밥 9 · 125

밥 10 · 126

밥 11 · 128

밥 12 · 130

밥 13 · 131

밥 14 · 133

밥 15 · 135

밥 16 · 137

밥 17 · 139

밥 18 · 140

밥 19 · 142

밥 20 · 144

밥 21 · 146

밥 22 · 147

밥 23 · 149

밥 24 · 151

밥 25 · 153

약속 · 155

건축법 · 157

춤추는 손가락들 · 159

섭리의 밥 · 161

그날 아침 · 163

4부 낙엽 세공

보라 • 166
간지럼 • 167
어째야 쓰까 • 168
낙엽 세공 • 170
메디컬 • 172
풍경 • 174
도장 • 175
흰 • 176
공원을 독서해요 • 178
유월을 베껴요 • 180
낮은 것 • 182
지나간다 • 184
수건 • 185
Happy Day • 186
까마귀 • 188

겨울로 가는 마음 • 189
미끼 • 190
나의 생 • 192
이만하면 • 193
두레상 • 194
촉수 • 196
그날 • 198
오후 다섯 시 • 200
지금 • 202
날벌레 • 204
능금 • 205
비수기 • 206
누에를 아시나요 • 208
부추 • 210
예약했습니다 • 211

1부
상수의 계절

삼월의 수소문 | 손톱 | 획 | 향기로운 자 | 찰나 | 지문

정오 | 천변 | 곡우 | 등나무 꽃 | 지하철 타다

감나무였습니다 | 모란 | 상수의 계절 | 개구리

수도관 교체하다 | 녹색 | 그 집에 | 풀잎 끝 잠자리

바람의 집 | 달력 | 무사했구나 | 내 안의 연못

앵무새 놀이 | 제물 | 카페에서 | 봄 길 | 일요일

오후 네 시 | 선물

삼월의 수소문

목이 잠겨
헛기침으로 건너가는 민낯
한나절이
전신에 실리는데

건너오는 거리가 한참
마주 앉은 천성도 한참
마주 앉은 기도도 한참

너와의 가시거리 가까워지고 있다

겨울옷을
세탁소에 맡기러 가는 오후
시멘트 금 사이에
사랑부리* 노란 꽃이 웃고 있다
빌라 화단에 금 간 화분이 누워 있다
화분 밖으로 나온 하얀 뿌리
우리는 다 지나치는 사람들
흘러내린 안경 너머
꼬물거리는 안개꽃다발
여학생들이 조잘거리며 지나갔다

입술에 붉은 루주가 꽃잎 같아
봄이
희망을 앓으면서 던진 것들이
이렇게 피어나는가
삼월의 수소문을
주머니에 넣고 오른손으로 만지작거렸다

* 사랑부리 : 씀바귀의 방언

손톱

너의 등치가
몇 년 전 심은 감나무 같은데
세상의 때가 낀
손톱을 깎아 주다 보면
너만 아는 것들
나도 모르고 지나가는 사이

감나무는
꽃 진 자리에 푸른 감을 키우고
나는 헛바람 속을 떠돌아
저린 시선 속에
홀로 나부끼는 사람아

참회의 마을에 안착해
교회 종소리를
머리에 베고
평안의 잠이
너의 것이기를

오늘 밤도
상현달처럼
손톱이 자란다

획

수평선으로 한 획이 떠올라

그도 한 획을 긋고

나도 한 획을 그었습니다

산등성이로 사라지는 하루의 획

소리 없이 내처 오는 아침이

내일의 사람들을 배치하고

햇살이 각도로 재는

바람의 세기와 날씨가 수시로 변경되고 있습니다

날들이 메모장을 정리합니다

새날의 거리가 확정되었습니다

수평선으로 한 획이 떠올라

그도 한 획을 긋고

나도 한 획을 그었습니다

산등성이로 사라지는 하루의 획

향기로운 자

메리놀 공원
이틀째 잔디를 깎고 있다
거미는 머리로도 잘 걷지
개미의 잘록한 허리에 묶인 풀 띠
진한 풋내가
창을 넘어와 집 안에 가득해
빌라 창가에 어른거리는 그림자
이삿짐에서 향 보자기를
풀고 있는 라일락이지 싶다

젊은 신부님들
로만 칼라 목덜미가 눈부시다
기울어지고 닳은 것이
끼어들 수 없는
바라보는 자들

포스타로싸 스파게티집으로
사라지는 사람들
말랑한 것과 단단한 것
가르지 않아도
자꾸만 줄어드는 나날

'포도나무는 꽃을 피워 향기를 토하는구나
나의 사랑, 나의 어여쁜 자야'*

신부들
공원을
두 바퀴째
길을 트는
반듯한 발자국
향기로운
나의 든든한 어여쁜 자여

* 아가서 2 : 13

찰나

눈꺼풀이 열려요
발이 어리둥절 착지해요
바닥이 받아 주었어요
마음이 앞으로 나아가요
유리창이 덜컹 흔들려요
전기 포트에 물이 끓어요
하얀 그림자가 나를 건너다봐요
한눈팔다 물결에 휩쓸려요
팔을 휘저어요
발로 물을 튕겨요
몸이 떠내려가고 있어요
언덕은 아득히 멀어요
지평선으로 해가 떠올라요
오늘이 반원을 그려요
머리꼭지가 뜨거워요
물새가 날아가는 것이 보여요
생각이 원심력으로 돌아요
표피가 불어나 무거워요
물방울에 잠식되어 가요
바람이 나를 태웠어요
눈꺼풀이 아늑하게 감겨요

지문

기운 대문을 밀고 들어서면 마당에서 들리던
낮은 목소리 때마침 도착한 그림자가 나를 터치해

빨랫줄에 걸린 바람이 내려와 이마를 짚어 주면
두 끼를 건너뛴 위장에서 바람 소리가 들리고
눈앞에서 떠다니던 어지러운 빛

한때의 예감이 아픔이었어도 우리의 일부는 거기
어디쯤 남아 낯선 소리에 귀를 기울이곤 해

너무 작아서 손으로도 쥘 수 없는 그래서 더 기대하
는 것이지 뒤란 귀퉁이에 숨어 있던 네가 일어서는
게 보여

그곳에 집결했었던 우리는 믿음이 숙성되어 가고
실눈 속으로 들어온 하늘은 물결로 출렁이는데

횟배를 어루만지던 어머니의 지문 뱃살은 갓 구운
술빵 냄새를 풍겨 안산 숲에서 뻐꾸기 울음소리가
동그라미를 그리며 아득하게 밀려와

정오

끼니에
빙의 된
사람들이 거리로 쏟아졌다
바지락 국숫집에서
밀려오는 바다 냄새

전봇대에 다리를 들고
오줌을 갈기는 포메라니안

네일 아트숍에서
손톱에 진주를 붙이는 여자
바닷물은 손톱 위에 붙들려
날마다 단단해지는데

가로수 목련은
햇살을 집어먹다
입속이 데이고
정류장에 버스가 멎고
감자탕 간판 속으로
스며드는 사람들

칼칼한 바람이
가로수에 올라앉아
흰밥을
풍당풍당 입으로 던져 넣었다

낮달만 홀로 창백하다

천변

장미꽃 활활 핀 길
콧구멍 저절로 벌어져
윗길에 쏟아진 꽃별의 행렬
탐색하며 지나가는 자전거

개망초, 입 벌어져
속내 들키고 있다
떨어지는 꽃잎이라도
헤어지는 것은 아니지
지상풍으로 가슴 타던 한때
묵묵하게 받아냈던
우리만 기억하는 말
그때 놓친 것이 많았어도
다시 이 길을 걸었으면

아득히 멀어지는 비행기
우리의 모국은 그대로인데
사라지는 사람들
손을 내밀어도 잡을 수 없는
우리의 헐거운 날들

강물 위로
구름의 그림자가 지나갔다

곡우

풀빛이
초록을 복제하는 냇가
곡우가 수문을 열면
와르르 쏟아지는
물감의 경전
들은 색의 범람으로 무늬져
풀꽃이
강둑을 뒤덮으면
한숨 못 자고 뒤척이다가
이불을 걷고
다음 장소에 마음의 끈을 이어
도착한 샛강에서
물결보다 먼저 눕고
늦게 일어나는 물풀처럼
낮은 자세로
머리에 띠를 두르고
전속력으로 달려가도 비어 있는
땀에 젖은 옷을 벗어놓고
허술한 손을 무릎에 놓으면
비를 머금은 바람이 무겁게 몰려와
기억이 흔들리고
수량을 가늠할 수 없는
비가 내리는데

등나무 꽃

등나무 꽃가지가
아래로, 아래로 길어지고 있다
평균값이
치명적으로 아름답다
그녀의 추임새에
등꽃들이 자지러져
골목을 비질하던
머리가 허연 남자
세워 놓은 빗자루 위로
보랏빛 생이 지고 있다
빗자루에 촘촘히
꽃잎 흐드러졌다

고운 잠을 자는 사람아
그지없는 사람아
내 그리운 사람아
어느 별
어느 강가에서
보랏빛 부스러기를 줍고 있는가
꽃잎에 발이 푹푹 빠져
이생으로 빠져나올 수 없는
아득한 바닥

등꽃
헛꽃으로 흔들리고 있다

지하철 타다
― 행복 사세요

나는 어디서 왔지

고인 바람을 차며
전신 거울 앞에서
헝클어진 머리를
손가락으로 빗질해
물결 속에
밀려가고 있을 너
발가락 사이에 살랑거리는 플랑크톤
머리카락에 물풀이 자라고
몸은 심해에 길들여져
세상 물에 퉁퉁 부은 발로
날마다 환승역에서 지하철로 스며들어
낯선 얼굴 속에서
하루는 줄어들고
증명된 날이라도 기록되지 않아

전화기를 꺼내
카톡 창에
도착한 동영상을 지워
건너편 의자에
처음 만난 사람
그 사람의 지금을 몰라서
다행이다

감나무였습니다

나는 아버지가
심은 감나무였어요
세워 놓은 푯대는
푸른 장도처럼 빛났어요

낮별이 내려와 웅얼거리며
새끼를 치는 마당에
종종거리는 다리
가팔랐던 날들이
가지런히 줄을 세우고
번지 없는 주소에서
소식을 기다리며
하늘을 자주 올려다보았어요

환절기의 어지러운 빛을 모아
등불을 걸어요

뒤에 아이가 오면
그네에 태워
등을 밀어 주세요

감나무 가지에
눈물 글썽한
새 한 마리 앉아 있어요

모란

애장품에
사인이 선명했다

바늘에 실을 꿰어
끝과 끝이 닿아 길을 만들고
한고비
그렇게 한고비
네가 없는 도시는
텅 비어 고요한데
울타리만 견고한 성이다

안아도
부피가 느껴지지 않아
수선할 수 없는 너는
잘게 바스러져
여러 겹의 얼굴이 되고
전리품을 뒤적여
보랏빛 물결로 다가오는
살갑고 보드라운
실체 없는 목록 위로
모란이 진다

그리움 송이째
장독대에 누웠다

상수의 계절

도착했다고
떠났다고도 말할 수 없는데
지구와 달의 궤도는
정해진 값으로 돌아요

녹색이 차지한 나무의 계절
허공에서 흔들리는 이파리
실수도 허수도 지나갑니다

부화한 새의 입의 각도
햇살의 확률과
구름의 두께는 변수입니다

신발 속에 모래가 들어왔어요
털어내도 남은 모래의 양
수치의 답을 구할 수 없습니다

깃발이 세워진 저곳
나의 마지막 고지인가요

번진 것들만 기억하는
뇌의 회로에
바람이 감기고 있습니다

23.5도가 기운 나는
바닷가 모래가 쓸고 갑니다
최대한 먼 곳을 생각해도
가장 가까운 곳에 배치된
나의 기울기로 줄을 선 숫자들
돌고 도는 상수의 계절
지금은 오월입니다

개구리

나의 오른편에
개구리 한 마리
보는 사람에 따라 다릅니다
고개부터 돌리는가 하면
입에 먹을 것을 넣어 주는 이도 있습니다
왜 하필 개구리야
그러게 말입니다
하필이면 왼쪽도 아니고
오른쪽에 자리를 잡고서
온종일 개굴개굴
귀를 닫아도 환청으로 들리는 소리
그러다가도
울음소리가 들리지 않으면
귀를 기울이게 됩니다

다가오면 물러서고
다시 보면 안쓰럽고
또다시 보면 애잔해요
자세히 보면 이마에 주름이 깊어요
눈에서 쏟아지는 빛에 갇힙니다
개굴개굴

나를 부르고 있습니다
저녁으로 특식을 만들어야겠습니다
까다롭지 않은 식성이지만
매운 것과 짠 것을 극도로 싫어합니다

먼 곳을 응시하는 시선
고독한 말이 내게로 밀려와요
둥근 항아리에 맑은 물을 받아 두려고요
습관과 적성은 다르지만
스며들기로 작정했습니다
물에 두 발을 담가 봅니다
나쁘지 않네요
촉촉하고 부드럽네요

수도관 교체하다

한쪽 차선을 막고
굴착기가 길을 해체했다
같은 장소에서도
다른 생각을 한다
원래 땅은 무슨 색
노랗고 희고 검고 살색이라면 죽은 사람

남자가 삽으로 흙을 퍼 비닐봉지에 담아 준다
땅속이 궁금해 허리를 굽혀 구덩이를 살폈다
"어~ 어 큰일나요"

흙을 만지니
느낌이 좋아
몇 달을 건너뛰며
무럭무럭 자라는 상추를 뜯고
끓은 물에서 삶아지는 고기
침이
입가로 흘러내렸다

기계의 파열음에 섞인

속수무책인 것들

벌겋게 녹슬어 지상으로 나온 수도관

지하로 들어가는 새 수도관

교체하는 것 이유가 있지

성격이 맞지 않아서라고들 하는데

콕 집어

잘못이라고 할 수는 없지

멀리~ 더 멀리~

상상에 시달리는데

혈관 위로 부어지는

아스콘이 길을 메웠다

뜻 없는 말을 중얼거리며

사람들이 지나갔다

녹색 (0.1 G 5.2/6.2)

0.1G 5.2/6.2
녹색 물감을 만드신
그분이
지구를 내다보시다
녹색 통을 톡 건드리셨다
백두대간이 녹색에 빠졌다
배려의 큰맘
작은 기침도 못 하시고
사람들 십중팔구는 이해 못 하는데

물결로 일렁이는
들판을 베고 누우면
풀들이 가랑가랑 노래하는 소리

한쪽 날개가 부러진 채
주름진 대양
몇 개를 건너와서는
터치도 없이
기척도 없이
기어이 지나가고야 마는

녹색이
한 숲을
이루는 세상으로 돌아와
下心(하심)의 무릎으로
아버지 정원에
납작 엎드렸다

그 집에

귀를 기울이면 톡톡톡 터지는 소리

툇마루 빗금 속에 숨어 있는 단어와 스케치북에는 머리카락이 없는 사람들, 노란 주둥이를 벌리는 새끼제비들, 건넛집에서 아득하게 들여오는 개 짖는 소리, 투명한 바람이 대문 틈새로 들어와 부화한 병아리의 노란 털을 들추고, 장독간에 앵두꽃 피어 저절로 고운데, 아랫목에 혼을 두고 저마다 할 일을 찾아 집 나간 사람들, 빈집 마당에 팔랑거리는 나비를 잡으려고 헛발질하는 고양이, 빨랫줄에 걸린 옷들이 섬세하게 바래는 동안 푸른 하늘이 구름 몇 점을 데리고 지나갔다
담장을 넘어다보는
귀여운 얼굴
화사한 얼굴
고독한 얼굴
무표정한 얼굴
눈물 그렁그렁한 얼굴

지금 그 집에 누가누가 살까요

풀잎 끝 잠자리

잠자리 풀잎 끝에 앉았어요

풀잎이 흔들려요
들썩이다 다시 누워요
한 생각이 지나가요
잠자리 오른쪽을 향해요
풀잎이 왼쪽으로 누워요
망설이는 것은 오차 때문입니다
착지에는 정답이 없어요
지나가는 것은 그냥
나도 묻지 않습니다
얇은 날개가 꿈이라면 좋겠어요
여러 겹으로 보이는 사물이 좋아요
손을 뻗어 만져 봐요
당신의 봉우리가 잡혀요
구멍 사이로 빛이 지나가요
순진한 단어들이 배치되어 있어요
풀잎 끝에서 별을 세고 있어요
숫자를 늘 놓쳐요
그래서 다행이에요
흔들리는 것이 좋아요
눈을 감고 허밍으로 노래해요

바람의 집

아차산
끝자락
아늑한 강가에서 식솔들 발을 씻겨

'사랑하는 자의 목소리가 산에서 달리고
작은 산을 빨리 넘어오는구나!'*

싸리비가 금을 그은 마당
무릎이 뽀얀 아이들
조붓이 터지는 봄꽃 길과
머리 꼭대기에 불을 지르는 볕
이른 비와 늦은 비가 그치고
불어난
한강 물 위를 떠가는 나뭇잎 배
개구리 뒷다리를 구워 먹고
입술을 문질러

낮달이 거니는 물가에
물풀들이 자라나고
아카시아 뭉클한 향기에
떠밀려가는
포자 같은 날들
쏘아놓은 마음이
뭇별처럼 빛나는 초저녁
바람은
속도 조절에 실패라고
새로운 이들
도착했다

* 아가서 2 : 8

달력

어젯밤
지난 달력을 뜯었네
카톡 창에
문자 부고장
고인의 명복을 비는 조문
무게도 없고
색깔도 없는 것이
글자로 줄을 섰네

아직은
탄탄한 얼굴
고요 속에 떠다녀
세상에 오고
가는 것이
첩첩이 비밀이더라

너의 영혼은
이곳에 없는데
줄임표 붙인
상청 안의 사람들

남겨진 얼굴이 너무 고와서
저릿한
가슴만
습기에 젖고 있다

무사했구나

1

오후 여섯 시 너의 발소리가 계단에서 들리면 오늘도 무사했구나! 정수리에 길을 낸 헝클어진 머리칼, 김이 나는 밥을 말없이 입속으로 밀어 넣는 너는 무엇을 위해 지나가는가! 실체 없는 그가 어깨에 팔을 두르고, 목적 있는 삶은 어디로 향해 있지 아침, 정오, 밤이 무시로 사물을 키우고 나무는 자꾸 푸르러 그늘은 넓어지는데…

2

반반한 묘지에 핀 고사리, 여름 햇살이 배롱나무의 가지를 쓰다듬으면 당신의 칼칼한 눈빛이 산지를 벗어나, 바다에서 건너온 소금기 섞인 무거운 생, 앞을 가로막은 잡목을 들추며 걸어, 남아 있어도 떠나도 한가지인 나날, 다음 생이 기척도 없이 밀려와

내 안의 연못

깊이를 알 수 없는 연못에 자리를 잡고 한참

어리연, 수련, 애기마름 뿌리를 내리고, 부들과 창포, 개구리밥 생이가래도 깨어났다. 개구리가 뛰어들어, 하늘과 구름이 지나가는 길, 박새가 와서 물을 마시고 윤슬이 창포 잎에 매달렸다.

나는 하루에도 여러 번 수생식물의 잎사귀를 청소하고 연못이 흐려지지 않도록 새 물로 교체했다. 밀려온 징표와 입맞춤하는 봄, 다른 사랑으로 끝없이 추락하는 마음 너에게 집중할수록 연못 깊이 가라앉았다. 숨을 쉬기 위해 연못 가장자리로 떠오르면 저 멀리 아득한 새털구름 속에 지느러미를 살랑거리는 물고기 떼, 세월이 자꾸 흘러갔고 연못에는 파란 이끼가 자랐다. 연못은 점점 좁아지고 깊어져 갔다. 수생식물들이 숲을 이루었고 나는 종종 연못에서 길을 잃었다.

언제 만들어졌는지 알 수 없는 내 안의 연못

앵무새 놀이

안풍 떡*
손에 닿은 것은
겁나 맛이 좋아
눈 맞추는 것마다 인정스럽제
하품까지도 옳은 것잉께
그라제~ 잉

자식은 잘 되도 맴 찢어징께
못살면 내 오장 육부
탈탈 털어 다 주고 싶은디
부모 되어 봐야 부모 맘 알 것잉께
그라제~ 잉

TV 속 뉴스는
서로를 비방하는 말이
어찌나 독살스럽든지
연속극은 거짓말하고 배신하고
크는 아그들이 보면 안 되는디
그라제~ 잉

니 밥 내 밥 가리지 말랑께
사이좋게 노나 묵어도
모자라지 않고 남은 것도 없써라우
그라제~ 잉

내 껏시라고
종 위에 도장 팍 찍어놓고
공중뱅이에 걸린 것을
억, 억이라고 해쌌는디
눈살째기 감었다 떠 볼쑈
끝은 다 같어라우

잠깐 빌려쓰다
빈 몸으로 죽으러 가는 길이랑께
그라제~ 잉

* 친정 어머니 택호

제물

새벽에
배달된 은총으로 목을 축이고
깊은숨을 쉬었습니다
허공에 무릎을 꿇고
가출한 마음을 찾아다니면
어김없이 찾아와 좌정하는 당신

바다에서 건진 어류
산에서 채취한 나물
들에서 함께 온 먹거리
바람의 공양까지 납작 엎드렸습니다

천장을 걸어 다니는
위층 사람의 발소리
와르르 쏟아지는 청승과
툭툭 부러진 것들이
자리를 못 잡아 흩어지고 있습니다

기울어가는 저녁
아무에게도 배운 적 없는
헌신의 문턱에 닿아
열두 계단을 오릅니다

현관에
신발을 벗었습니다
하루가 홀로 다한 저녁
제단에 몸을 누이고
흉터 위에
길들어 숨죽은
이불을 덮으면
깊은 눈으로
나를 다독이는
한 분이 있습니다

카페에서

옆 테이블
여자들이
카톡 사진을 보며
"○○아파트가 35억이래~!"
"며느리가 아이 셋을 놔두고 집을 나갔대"
"어머~ 어머~ 어째…"

입 뜨개질에 코가 이탈하고
복잡한 표정들이 건너다녀
꼿꼿한 목에 얹어진
안성맞춤의 얼굴
의자는 믿을 수 없을 만큼 푹신했다

우크라이나와 러시아,
이스라엘과 하마스 미사일이 날아다녀 (뉴스)

맛집을 향해
서로의 등을 치며 카페 문을 넘어가는 그녀들

BTS의 '호르몬 전쟁' 흘러나와
존재해 줘서 (참) 감사해 전화 좀 해 줘 내가 (함) 밥 살게
아 요즘 미친 미친 거 같아 기침 기침하게 만드는
여자들 옷차림 다 비침 비침*

마냥 한쪽으로 돌다 제자리로 돌아오는

옆자리에서 새로운 심장 뛰는 소리 들렸다

* BTS의 '호르몬 전쟁' 가사 일부

봄 길

사무실을 나왔다
거리의 간판 속에
고물거리는 꽃잎들
햇살이 앉은 자리마다
입술이 벌어지고
말들이 쏟아지기 시작했다

방금 쓰다 온 숫자와
무관해지면서
너의 얼굴이…
이름도 모르는 사람들의 얼굴이…
나뭇가지마다 매달려 있었다

표정이 궁금해 눈을 비볐고
눈가만 벌게졌다

재채기 소리가 들리는데
사람은 보이지 않고
목련이
벌어진
내 입술을 손가락으로 깊게 눌렀다

말도 못 하고
입술만 깨무는데
목련이 지고 있다

길이
길이~
더러워졌다

그는 한참 앞서가고 있었다

일요일

오늘은 일요일
상일동 가는 지하철 안
건너편에 앉은 이 눈 감고 있어요
기도하는 중이지 싶어요

백기를 꽂고
아버지 앞에 무릎을 꿇으면
스쳐 가는 얼굴이 있습니다
제 기도가 넘쳐서
거리로 흘러가고 있을지도 몰라요
그래서 울 수밖에 없어요

염치도 없이
그릇이 넘치도록
웅얼거림을 담고 말았습니다

눈을 감으면 또렷해지는
저의 체질을 아시는 하나님
오늘도 웃고 계십니다

아버지는 항상 나를 주시했고
나도 항상 그 자리에 있었네요
아버지가 준 집에서 밥을 먹고
잠을 자고 다시 아침을 맞습니다

눈을 감고
기도에 빠집니다
걸어온 발자국은 남지 않았어요
이곳이 아버지가 계신 뜰이지요
그렇게 믿겠습니다

오후 네 시

비가 내려
카페 문을 밀고 들어온
검은 장화를 신은 고양이
등 뒤 긴 머리칼이 풀잎 같아
차의 향을 가로질러
여름 들판이 환했다

노트북을 켜
자판에서 들려오는 물방울 소리
쏟아지는 빗물이
카페 안에 차올라
검은 장화가 잠기기 시작했다

물살이
데리고 가는 것을
눈치 빠른 사람만 아는데
우산으로
가릴 수 없는 두꺼운 청승
젖고 젖어서 가라앉은
오후 네 시

젖은 어깨로
길을 걷는 너
무거워진 나는 가라앉고
거리에 큰비가 내리고 있었다

선물

포장지 속 열두 색의 실꾸리
바늘 한 쌈이 빛났다
바늘귀에 자색 실을 꿰었다
수틀 위에 작약이 피기 시작했다
밖에는 12월의 폭설이 내렸다
바람이 걷는 소리에
집중할 수 있어서 좋은 저녁
꽃술을 수 놓다가
손가락 끝이 바늘에 찔렸다
서로의 비밀을 들키지 않았다
속에 있는 것은 볼 수 없고
계획 없이도 만나는
이별하는 것들이
물방울처럼 스러지는
칼로 썰어도 썰리지 않은
자국만 남아 있는
무딘 여정은 계속되고 있었다

작약이 탐스럽게 피었다
자색 실의 끝을 이로 끊었다

2부
뼈가 줄어드는 밤

망초꽃 | 어머니 의자 | 식물성 언어 | 멸등
슬그머니 | 이석증 | 아카시아 꽃방 | 창 | 뼈가 줄어드는 방
여기에 | 삼겹살 | 서랍 | 지렁이 가다 | 새벽
양말 한 짝 | 공식적 죽음 | 벚꽃 | 빨강 | 그냥
고향 가는 길 | 염천 | 노송 | 가을이 온다
커피 내리는 아침 | 오후의 미용실 | 밤 | 여길 지나가
톤레샵 | 식탁보 | 장미가 흐드러졌습니다

망초꽃

귀를 세워야!
들을 수 있는
샛강 물을 따라가다 보면
길의 끝은 보이지 않아
바람이 허공을 흔들어
언덕이 망초꽃을
등에 지고 와서
한 짐 부려놓았다

내 몸에 흰 꽃
내 살갗에 핀 꽃
내 속살을 파고들어 흰 꽃

붙들리다가
도망가고 다시 붙들려
나는 허물어지고 흩어져
흰 꽃잎에 실린 몸이 솟구치다가
땅으로 착지하는
망초꽃 바람을 개작해
나는
희게
희게 바래져

여기는 어디

등 뒤로
흰 물결이 번져가

어머니 의자

네 개의 바퀴 단정했다
화장실에서
개수대 앞에서
최대한 높은 데시벨로
듣는 노랫말이
앞 유리를 통과해
허공으로 흩어지면
엉치뼈를 받아낸 의자는
잠깐 들썩이다 가라앉았다

몇 광년을 지나는 동안
숭고해진 문장들이
제시해 놓은 레시피는
인덕션 위에서 보글거리는데

측은한 눈빛이 도착한 시간
어디에서나 의자가 되는
바지의 주머니에서
알사탕을 꺼내
입속으로 밀어 넣으면
흐뭇하게 퍼지는 단내

네 개의 바퀴는
어머니의 헐렁한 날을
단단하게 받쳤다

식물성 언어

서너 달이 가도록
피켓 들고
아우성치는 거리에
뒷짐 지고 말없이
보고 계시는 그분의 뜻을
오롯이
해석한 사람이 있을지 몰라
저기~ 저~ 저쪽에
그분을 십자가에 못박은
바리새인들이
목청을 돋우고
발을 구르며 깃발을 흔드는데

고향집 감꽃은
젖꼭지 같은 순을 피워 올리고
가로수 잎들은
식물성 언어로
말들을 받아쓰고 있었다

우리의 모국어는
백합처럼 희어서
거짓의 살과 피를 버리고
마른 뼈로 살아가는
사람들을 기다리는지도 몰라

촉각의 공항에
녹색으로 쟁여진 연륜
봄이 찾아와 연둣빛이다

멸등

앞서가는 사람
그냥 가도
따라가는 사람 뒤태를 기억한다

침묵을
멋대로 해석하는
유튜버들
바람이 지나가는 웅덩이에
머리채를 담그고 여름을 보낸다

고요는 뭉개지고
붉은 말들이 발에 채인다
내가 너를
네가 나를
흡수하는 날들이 늘어간다
시시콜콜한 달이
부지기수로 지나가고

은혜를 낭비하는
여백 안에는
꼭 기도하는 사람이 있다
사람들이 흘린 냄새는 비슷했다

아무 뜻도
챙기지 못했던
숙적들
어제 속에서 죽었고
오늘 살다가
내일로 건너가는
날이
멸등 되고 있었다

슬그머니

바스러지는
발톱과 동행하며
십수 년을 걸어온 그

이 배 식초에 발을 담그자
실내로 퍼지는 시큼한 시시콜콜

일 년 내내
창가에 걸린 커튼을 들추고
창문에 쌓인 감기를 반추하는데

생의 잘린 땅을 날아다니던
나비가
군무를 추며 몰려가고 있다

오전을 휘저은 마른 박자가
빨랫줄에 젖은 옷을 말리고

식초에 절인 발을
슬그머니 빼내어
걸음을 떼면
먼지들이 꼬들꼬들해져

발 금이 선명해지면
컴퓨터의 커서를 켜고
순환의 길로
슬그머니
건너가 보는 것이다

이석증

매미가 떼로 몰려와
피아노 건반을 두드렸다
무궁화 만발한 여름
동해로 날아가
폭죽으로 터진 미사일

빙글빙글 돌아가는 천장과
아득히 들리는 119 사이렌 소리
모차르트의 피아노 소나타 K.331

여름이 들것에 나를 태웠다

어지러운 문장은
의미가 일도 없어
안단테~ 안단테~
중머리~ 중중모리장단~
아득한 시절의 스타카토
지휘자의 팔이 요란하게 흔들렸다
음이 이탈한 현장
회오리바람이 쓸고 갔다

아카시아 꽃방

갈빗집에서
연두색 이쑤시개로
이를 쑤시다가 민망한 시선에 닿아
서로에게서 웃음이 번지네
주차장 건너편
아카시아 한 그루
향기가 알싸하게 밀려오네
나무 밑둥치에
수선화, 튤립, 냉이, 제비꽃
다리 걸치고 앉아 있는데
서로 이름을 부르며
벌떼가 지그재그 드나드는 꽃방
기억이 쏟아져 넘쳐도
상처 입은 사람이 없네
입가 팔자주름이
마을의 실개천을 닮아
서로의 등을 치는 매듭이 굵은 손
넘치며 흔들리는 하얀 꽃잎
마음이 동심으로
활활 피어나는
오늘은 수양초등학교
19회 동창회 날

창

해가 떠오르면
일파만파
동산에서 밀려나

발에 박힌 티눈을
면도칼로 잘라내
씨눈에서 피가 새고 있다

아무것도 아닌 일로
아니지, 내게는 아주 큰 일이지
죽었다 깨어나도
되돌릴 수 없는
팽팽한 줄에 끌려가고 있어
마른 입술에 침을 바르고
생각에 빠지는데
한날 같은 삼백예순 날

절실하게
아프게
미안하게
해가 지도록 그곳에 입성도 못 했는데
불빛이 살아나고 있는 창
의식의 출구에서 뻗은
가려움이 창틀을 넘고 있어

옷걸이에 걸린 옷처럼
잠잠하게 늘어지는데
덜컹
창이 흔들린다

뼈가 줄어드는 밤

낮이 갔어요
밤이 도착했습니다
세상의 반은 밤일 텐데
밤을 질문하는 사람이 몇이나 될까요

가로등이
지나가는 사람의 뼈를 훔쳐요
행군으로 비틀거리던 그가
가로등 불빛 아래
신발을 벗어 놓고
가지런히 누웠습니다
아내의 잔소리가 등 뒤에서
물결처럼 밀려오는데
텅 빈 골목에 홀로 남았습니다

방금 걸어온 골목 저편
편의점에서 쏟아지는 빛
복선으로 깔린
굴곡진 골목길이
잠깐 들썩이다 가라앉았습니다

아무도 눈치채지 못한
균형이 깨지면서 줄어드는 무게와
흘린 눈물과
어둠이 뼈를 갈아
밤마다 가벼워지고 있습니다

무거운 몸으로
천국에 갈 수 없다면
이것도 좋은 일인 것 같습니다

여기에

나는 여기에 없으니
너는 누구와 살지

침대 모서리에 웅크린 너의
숨소리
살아 있지, 살아가야지
너도 같은 뜻이지
오늘의 양식
이미 배달되었고
신발은 외출 준비를 마쳤어
건너편 아파트가
유리창에 그림자로 도착했다
가만히 있어도
우리는 같이 가는 것이지

근육이 빠진 피부는
물린 지퍼 같아
기다리는 사람이 없어도
어딘가에 도착해 있는 거지

공원의 의자에 앉아
카프카의 변신을 읽어
등이 가려워

젊은 산
이마를 물들이는 노을

나는 점점
단순해지고 있어

삼겹살

안녕, 보고 싶다

달아오른 숯불에
석쇠를 걸치고 삼겹살을 올려
어둠을 섭렵하고 온 고양이가
내 다리를 핥는다

항아리 뚜껑을 열고
된장을 하얀 보시기에 담고
참기름을 넣었다
파란 상추잎으로
노릇하게 구워진 것을 여며
입에 넣고 오물거리면
어금니에서 고소하게 씹히던 양태부사들
만약, 설마, 가끔, 제~발, 문~득…

익은 삼겹살이 사라지고
상추도 사라지고
청양고추도 사라지고
소박한 얼굴들도 사라지고

배가 부른 것이 좋아~
배가 고픈 것이 좋아~

마음 들키면
망신살 뻗치는 것이지
입술에 기름이 번들거렸다

서랍

거기가 어디쯤이었더라

건전지, 플래시
일자 드라이버
크기가 다른 단추
에어컨 사용 설명서
그가 받아온 금빛 훈장들
귀퉁이에 먼지들이 무럭무럭 자라고
강을 배경으로 선 아이의
깊이를 알 수 없는 눈동자

빌려주고 받지 못한 서류에 적힌 숫자들이
새끼를 치는데
그녀는 지금도 괜찮은 척
가늘고 납작하게
서랍 속에서 늘어져

아무짝에도
쓸모없는 것이라고
아무도 말해 주지 않아서
버리는 것을 배우지 못했다

아름답고 슬픈 것은
햇살과 먼지 같아
서랍 속에는
반짝이는 것과
타다 남은 몽당 양초가
다른 세상을 비추고 있었다

지렁이 가다

중랑천변
장미가 뭉텅이로 피었다
지렁이 주검 위에 운동화 자국 선명했다
아직도 붉은 몸, 납작하다

빈소도 없이
국화도 없이
조문도 없이
홀로 누워 있다
지나가는 사람들은
장미꽃만 본다

길의 관 위에 누운 한 생의 주검
개미들이 모여든다
지렁이가 들렸다
장미꽃잎이 바람에 날려

중랑천 물오리 부부는
새끼 오리 다섯 마리를 부화했다
부모를 졸졸 따라다니는 모양이
세상 기특한 것을 다 모아 놓았다

구름 한 점이 지나가며
그늘을 만들어 준다
오리가 물속으로 자맥질하는 것이
새끼 먹일 식량을 구하는 것이려니

오는 것 가는 것
누구에게도 물어볼 수 없어
그런데, 그런데…
마음 한구석이

새벽

하루의 불시착
속전속결로
연습할 틈도 없이
기도문을 준비할 틈도 없이
손뼉 치는 사람도 없이
무섭고 낯설어…
나를
째려보고 찌르고 차기도 하네
조명에 눈이 부시네
대사는 너무 길어
오늘은 금식하고
건강 검진을 받으러 가야 하네

개인적인 일들이
개인적이지 않은 날
어제로 흘러간 시간은
얼마나 많은 것들을 내 몸속에서 조작할 것인지

한숨에 줄어드는 에너지
이명으로 들리는
분열된 순간이
행을 메우고 배가 고파지네
누추해졌네

첫 새벽
비몽사몽 중에도
그분의 웃는 얼굴이 보여
내가 나의 주인이 아니라서
첫발을 떼면서도
안심이네

양말 한 짝

빨랫줄을
쓰담, 쓰담 하는 빛
무수한 터치에
삯아 가는 눈금들
한쪽으로 기울어져
구석구석 뒤져도 보이지 않고
지쳐 가다가
포기하다가
목록들을 넘겨 보다가

뒤집힌 채 한 짝만 남았어도
흘려 놓은 실밥과
너의 예감이
기능이 무슨 대수
삶이
얼마나 평이한, 것인가

올올이 베인 냄새를 기억하며

길 잃지 말고 와

약속하지 않아도

알고 있어

어디에도 발설하지 않을게

너무 늦지 마

따뜻한 밥이

식기 전에 도착해

공식적 죽음

노르웨이 산
자반고등어
도마에서 세 토막 났다

전화벨이 울렸다
구십팔 세 고종사촌 언니의 부음
프라이팬에 기름을 두르고
고등어 토막을 뒤집는데…
불교가 종교인 언니는
내가 알기로 평생 육식을 하지 않았다
방바닥을 쓸던 꽃무늬 홈드레스
털이 보송한 개를 껴안고 소리도 내지 않고 걷던
우아했던 그녀가
공식적으로 죽었다

십여 전 이 땅을 떠난
검은 콩밥이 싫다던 형부의 의견은
죽을 때까지 관철되지 않았다

익은 고등어
하얀 접시에 담겼다
입속에 침이 고이고
젓가락으로 해체된 살

기도문에서
비릿한 냄새가 났다

벚꽃

에말이오!
에말이오!
오매! 뭔 고집이 그란다요
아직은 나갈 때가 아닌디
나빠닥에 물도 못 묻혔는디
눈곱도 안 띠고
이도 못 딱건는디
그라고 급합디여
가지마다 툭툭 터져 불었쏘

에말이오!
에말이오!
억울혀서 한잠도 못 잤써라우
안 한 것도 했다고 하고
한 것도 안 했다고 하니
눈도 못 감고 날이 새부렀는디

오매! 한 구녘도 아니고
온 길가에
줄 서서 터져 불었구만 잉

나도 그만
터져 불라요

빨강

장미 숲을
덮친 붉은 해일
유모차를 밀고 온
그녀의
윗옷에 핀 빨간 꽃
손잡이에 휘감긴 빨간 줄
목에서 휘날리는 빨간 스카프

햇살이 지나간 자리에
찍힌 230문의 발자국
지나간 자리마다
붉은 흔적들

꼭 듣고 싶은 말은
눈을 감으면 더 크게 들리는데
처음 만난 사람과 나눈 유치한 말
뱉어 놓은 말은
자리를 떠나지 못한다

노을이
숨넘어가는 등 뒤로
붉은 물이
범람하고 있었다

그냥

나는 누구지?
봄에 피는 꽃은 눈에 담아도 담아도 이쁘고, 여름 녹색은 먹어도 먹어도 맛나고, 가을이 의무를 다하면 어떤 것은 갈색, 회색, 노을처럼 붉기도 한데, 겨울의 중심에서 싸락눈 내리는 소리를 듣지

하늘을 날아다니는 새와 땅을 뒤덮은 나무, 풀꽃, 벌레, 낮은 대로 끊임없이 흐르는 강물, 강물이 흐르면서 부르는 노래, 이도 저도 아닌 체하며 전부를 간섭하는 바다, 하늘, 달, 별, 무지개와 천둥 번개, 나라와 나라, 일사불란하게 밥을 찾는 입이라는 것들

담고, 쏟아지고, 두드리고, 다독이고, 찢고, 꿰매고, 헤집고, 모으고, 마시고, 뱉고, 홀로 걸어가는 그림자, 같은 지형에 있어도 하나도 같지 않은 수치, 시작이 어딘지 몰라서 끝이 어딘지도 모르고, 살아도 죽었고, 죽었어도 사는, 하루의 생이어도 생명 가진 것 먼지라도 엇박자인 것은 없어, 태어나고 죽는다. 왜?

이 나이 되어 보니…
그냥~ 그냥~ 그냥~

고향 가는 길

버스의
둥근 진동
가로수가
노란빛에 어질거리는데
은행잎 우수수 지고 있다

잘 있었니?

수많은 내성을 겪으며
낙엽처럼 물들어
목적을 꺼내
입속으로 밀어 넣으면
어머니 목소리가
길을 가로막아
번지수를 잘못 짚은 눈물이
터진다

비눗방울을 쫓다가
햇볕에 달구어진 마루에 누워
서까래에 새겨진
아주 먼 기억들을 읽는다
낡은 신발에
내 발을 넣어 본다

염천

바삭한 보릿대
깜부기 날리는
늘어진 유월
그림자가 짧아지고 있다
기울다가
다시 일어서
다시 기울어

단추가 떨어지고
두꺼운 구름이 지나갔다
학교 운동장을 전력 질주했다
문방구에
줄줄이 걸린 풍선
다트로 터트렸다
출렁거리는 머리카락을
고무줄로 묶었다

운동화가 무거웠다

클랙슨을 울리며 지나가는
구급차의 비명
해바라기 목이 댕강 날아갔다
실시간 폭격으로 쓰러진 정체성과
여름의 잔해

냉장고에서 얼음을 꺼내
이로 깨물었다

노송

불 지른
단풍나무 숲길에
청정한 소나무 한 그루
오늘은 무슨 계율을
들려주시려나

가려 하지 않아도 가는
만나려 하지 않아도 만나는
둥글게 원을 그리며
우리는 건너가고 있다

버짐 같은
날들이 너럭바위를 닮아
곁을 스쳐 가는 사람
낯이 익어
십일월이 흘려 놓은 들판에
진심이 줄어들고 있다

노송의 웃음소리
길을 내고
불안전한 손을 호주머니에 넣고
스스로 안정되어 갔다

기척도 없이 옆 사람이
내 팔짱을 끼어
너의 따뜻함이 내게로 건너오면
나는 다른 나를 만난다

가을이 온다

나뭇잎이 색색이 물들고
먼 산이 가깝게 다가오면
한 번도 듣지 못했던
새로운 세상을 데리고 가을이 온다
말간 햇볕이 지나가는 들판에
마음을 던져 놓으면
길을 내며
허공에서 떨어지는 나뭇잎들

한 시절 입었던 옷을 벗어
바람이 지나가는 길목에 걸어 두고
억새의 마디로 피리를 분다
서늘한 음이 부서지고
먼 곳에서~ 먼 곳에서
사르르~ 사르르~
낙엽 지는 소리

우리들의 행적은
국화 향처럼 맑고 향기로워
철새가 돌아오는 들판에 꿈이 자라고
촘촘한 뜨락에 알알이 영근 눈빛들이
하나가 둘이 되고 둘이 넷이 되는
자라는 별들이
발을 맞추어 걸어오는 소리
한없이 다정해~ 다정해~
마주 보는 눈빛이
한없이 따뜻해~ 따뜻해~

한 번도 들어보지 못한
노래들이 넓은 들로 번지면
우리의 속절 없는 사랑이
붉은 낙엽에 감염되어 타오르는
거기에
너는 수줍게 살고 있었다

커피 내리는 아침

새 물을 붓고
스위치를 누르면
보글보글 네가 끓으며
목소리를 흘려
"여기야~"

거름망 위에
관심을 얹고
뜨거운 물을 부으면
이내 똑똑 소리를 내며
아는 체를 하는데

급조된 문장이 되어
질러오는 목청을 들으며
검고 쌉쌀한 너를 목으로 넘겨

너와 걷다가 놓치고
홀로 걷다가 애잔해지는
중언부언했던 단어들이 생각나서
시를 펼치고 삭제 버튼을 누른다

길 건너
행복 밥상 간판은 나날이 흐려져
서랍장을 열어
새 양말을 찾아 신어
한발을 떼고 또 한발
길이 신선해져

오후의 미용실

그녀는
무슨 생각으로
아득한가
러시아 극동 지방에는 눈이 일 미터 쌓였다고

간격을 좁힌 햇살이
거실로 넘어와
그녀의 발을 점령해

머리카락이
자라난 이력을 더듬으면
푸른 윤기가
한 벌판을 이루고
질그릇에 가득
쌀을 채우며
삶의 주제에 더 가까웠던 시절
그녀의 품에는
아이들이 여덟이었다

걸음이 느려지고
손톱은 저절로 닳아져
길이 들어 편한 의자 위에
길이 들어 아늑한 오후가
그녀 곁에
아무 뜻 없이 앉아 있다

가위 날에 잘린
은빛 머리칼이 아깝다며
시간이 웅얼거리는데

밤

밤꽃 간드러지던
봄밤의 은혜가
끝으로 내닫고 있었다

몰래 한 사랑이
들켜 버린 가을밤
내 사랑하는 이는

아침 빛같이 뚜렷하고 달같이 아름답고 해같이 맑고
깃발을 세운 군대같이 당당한 여자가 누구인가*

언덕을 넘어온 미끈한 다리
나무 우듬지에 닿은
고요한 시선
산비둘기의 노래가 들리고
들국화 피어 향기로운데
너는
발견된 즉시 잡혀가고
바닥에 가시만 수북했다

한해의 서류는
압력솥 딸랑이로 흔들리고
아는 사람만이라도 너를 보았으면

늦가을이어서
먼 여행은 접어 두었다

* 아가서 6 : 10

여길 지나가
– 코로나를 지나오고

오렌지 냄새가 범람한 버스 안에서 오렌지가 된 사람들이 노랗게 젖어가네!
소 떼들이 풀밭에서 물결처럼 흘러가네, 알록달록한 촛불이 펄럭이는 케이크를 들고 오월이 오네, 우리는 너나 할 것 없이 기쁜 생일을 합창했네, 아몬드 꽃밭은 사라졌다 다시 이어지고, 북아메리카 서쪽 하나님의 땅을 지나가네, 어젯밤 엘에이 영사관 침대에서 꾼 꿈… 갈라진 땅 속에서 목을 내민 사람들이 죽순처럼 솟구쳤네, 별이 사탕처럼 쏟아졌네

모래가 끝없이 이어진 사막에서 흩날리던 모래처럼
우리는 각자였네!
사람이 지워진 벌판에 하나님이 불러온 것들이 무리를
지어 떠다니고 있었네, 우리가 지나고 있는 세계에는
한 번도 시간이 범람한 적이 없었네, 생각이 달려가고
뜻이 어울려 춤을 추고, 아몬드 꽃밭에서 걸어 나온
분홍살빛의 아이들을 보았네, 푸른 하늘은 드높았고,
한 자루의 오렌지를 풀어서 버스 안에서 나누어 먹었
네, 미국의 버스 안에서 한국말로 농담을 주고받았네,
창밖에 흐드러진 분홍 아몬드꽃처럼 모두가 아름다운
사람이라는 것을…

아무 곳이나 방문할 수 있다는 것이 전설 같은 여길
지나가

톤레샵

아이 눈동자는
밤처럼 검었어요
기억나요? 그때가
아이 머리칼을 쓰다듬던 햇빛이
금빛으로 빛났었다는 것을

젖가슴에 매달린 아이와
여인의 눈에서 쏟아진 꽃비가
둥근 원을 그리며 떠내려갔어요
물고기가 튀어 오르고
살아 있는 것들이
소소하게
지나가는데

팔뚝이 굵은 남자
쟈스민꽃 화관을 내밀었어요
맹그로브 숲 속
지구의 떨림에
발바닥이 간지러웠어요

항구에서
찍힌 사진을 찾았고
아이를 향해 손을 흔들어 주었어요
빛이
익혀 놓은 아이
이만 하얗게 빛났어요

식탁보

식탁보에
코가 이탈했다
우리 집 여름은 흰색이 어울려
이십 년 넘게
그릇을 받아낸
유리의 무늬가
할머니 목소리를 흉내냈다

밥그릇을 고봉으로 채운
가을이 방문 앞에 와 있다

네팔에서 건너온 양모 식탁보
누린 냄새를 퍼트려
가파른 산등성을
사선으로 걷는
종아리가 가는 그녀
시선은 히말라야 봉우리에 닿았다
아득한 계곡에서 들려오는
옛사람의 노래가 스크럼을 짜고 있다

여름이 알아서 떠난 식탁
새로 올 손님을 기다리며
하얀 행주로 근황을 살폈다

세계는 지금 전쟁 중
세대와 세대가 전쟁 중
남자와 여자도 전쟁 중
성찬과 허기가 전쟁 중
유실물 보관소를 살펴야 해

수확을 끝낸
헐렁한 들판
마음을 기척했다
소파에 납작 엎드려 있었다

장미가 흐드러졌습니다

호젓한 골목길
와르르 무너지는 가슴
보고 싶은 그가
그곳에 와 있습니다
알록달록한 털로 무장한 그와
한참 눈싸움을 합니다

온통 꽃잎에 덮여
가시는 보이지 않습니다
내게만 들리는 고백에
손끝이 떨리고
진동이 발바닥으로 밀려옵니다
사소한 것도 간과하지 마세요
그냥 관심일 것입니다
다정히 넘치는 것을 보지 못했어요

꽃송이를 흔드는
바람이 수만 개의 구멍을 통과합니다
나는 한 송이만 가질게요
나머지는 모두 당신 것입니다

줄장미가 흐드러졌습니다

3부
섭리의 밥

밥 1 | 밥 2 | 밥 3 | 밥 4 | 밥 5 | 밥 6 | 밥 7 | 밥 8
밥 9 | 밥 10 | 밥 11 | 밥 12 | 밥 13 | 밥 14 | 밥 15
밥 16 | 밥 17 | 밥 18 | 밥 19 | 밥 20 | 밥 21
밥 22 | 밥 23 | 밥 24 | 밥 25 | 약속 | 건축법
춤추는 손가락들 | 섭리의 밥 | 그날 아침

밥 1

아카시아
그늘에
자리 펴고 앉았어요

금빛으로 출렁이는 강물에
아버지는 투망을 던졌어요
투망에 딸려 나온
각시붕어, 쏘가리, 동자개, 피라미, 가물치…

어머니의 손맛이 든
도시락을 열면
배추김치 붉은 물이 든
꽃밥에서는
시큼한 냄새가 밀려왔어요

빛이 어른거리는
그늘에 누워
노란 환타를
돌려가며 마셨어요

녹색이 풀리고
우리들의 뼈마디도 물이 올라
미루나무처럼
명랑하게 자라고

그날
들에서
먹은 점심은 여름처럼 환했어요

밥 2

점심을
건너뛴 위장에서
들려오는 허망한 소리
의식의 밥상을 찾아가

상추로 싼 저녁을
입속으로 밀어 넣어
살짝 데친 낙지 다리
입안에서 씹히는데 맛있다

아무 의미도 없이
건너편 사람을 바라보는데
처음 본 그가 낯설지 않아
같은 메뉴에
반찬도 같아

맛집의 의자 깊숙이
몸이 자꾸 깊어지고
둥글게 변한 마음이
손끝부터 따뜻해지는데

오늘
저녁은
대박이다

밥 3

어머니
가만히 되뇌기만 해도
눈물이 나요

칠만이 넘는 끼니를
차려내실 때도
눈치가 둔했던 우리
모든 끼니가 신선했음을
이제 깨달아요

두 번 삶아서 보드랍던 보리밥
팥물을 들여 쪄낸 찰밥
숭덩숭덩 떼어 넣어 끓인 수제비
노란 조밥
얼룩덜룩 수수밥
포실한 감자밥
달콤했던 고구마 밥
쑥 향기에 버무려진 나물밥

여름이 깊어지면
팥, 강낭콩을 삶아
가마솥 가득 끓여 내셨던 팥칼국수
여름 저녁
죽 심부름을 다닐 때가 생각나요
발을 통통 구르며
걸어오던 골목
하늘에 달도
나를 따라오던 길
그때가 어제만 같아요
충만한 기억이 남아 있는 그곳으로
달려가고 있어요

밥 4

내 손에 사과
그리스산 키위
퇴촌에서 배달된 토마토
하늘을 건너온 바나나
두부 반 모에
달걀을 휘저으면
뭉글뭉글해지는 아침

끼니가 불어날수록
그의 발바닥은 군살이 늘고
손은 칼날에 자주 스쳐
먹을 것 앞에 무너지는 눈빛
도착할 것은 도착하고
갈 것은 뒤도 돌아보지 않는데
오늘도
뱃심으로 허리를 펴

서먹한 끼니
긴장한 목울대가 떨려
휘청거리는 다리를
방바닥에 붙이고
소리가 맑은
물 한 컵으로
위장을 달래

아무도 간섭하지 않은
무관의 날
아침 성찬으로
배가 부르다

밥 5

포물선을 그리며
날아가던 밥그릇
쨍 소리를 내며 정지했다
진밥이
깨진 그릇에 조금 달라붙어 있었다

검게 그은 얼굴
둥글게 말린 등
빛바랜 치마폭에 싸인 층이
내려온 저녁을 어루만졌다

젖가슴을
어루만지는 아기의 손
맑은 눈동자가 반짝여
너는 어디에 놓아 두어도
잘 살겠구나!

이마는 더 봉긋해지고
뜨거운 콧김을 불며
입술을 달싹거리는데

진밥이 싫은 남자
마당을 나갔다

밥 6

비가 추적추적
지나가는 반나절
개혁의 숫자를 남기고
정오가 떠나가요

된 날 앞에 앉으면
목구멍에 물도 받쳐요

보름 전 솟은 혓바늘은
침만 닿아도 쓰려요

젖은 달을 마른 수건으로 닦아요
다가온 그림자로 벽을 세워요
텃밭에 파꽃이 피고 있어요

양푼에 밥을 푸고
창밖을 봐요
때마침 배고픈 새가 도착해요
참기름, 간장 넣고
밥을 비볐어요

고소해진 입속
환한 벽에 닿았어요

밥 7

트럭에 꽃을 싣고 온 남자가 골목에 임시 화원을 차렸다. 참새 방앗간을 그냥 지나치는 법이 없듯 늘어선 화분 앞에 자리 잡고 앉았는데 로즈마리, 트리안, 노벨리아, 꽃 이름이 죄다 외국말이다. 수국이 나 좀 데려가라고 눈짓한다. 봄마다 꽃을 사는 내게 화분 좀 그만 늘리라는 가족들 말이 걸리는데, 수국은 마당 큰 화분으로 옮겨 심었다. 삼백예순날 혼자 꽃을 돌보면서도 다른 사람에게 투정할 수 없는 까닭이기도 한데 가끔은 물 한 번 주지 않은 그들이 야속하기도 하다. 이듬해 수국이 열다섯 송이 하얀 꽃을 피웠다. 청바지 공장에서 틀을 돌리던 여자들이 믹스커피를 들고 수국 앞에서 오감을 쏟아놓고, 흰 꽃송이가 커다란 사발에 담긴 흰 쌀밥 같아서 마냥 좋은 나는 배가 불룩하도록 채우고, 철들 때까지 쌀밥 구경 못한 한을 풀어 주는 수국 꽃밥을 며칠째 먹고도 질리지 않아 밥맛없는 사람 죄다 불러서 수국 밥상에 앉히고 싶은 마음, 요즘으로 말하면 내가 정신 놓친 사람이라는 오해를 받을 수도 있겠다.

밥 8

퇴근한 아들이
라면 봉지를 터
세상 길을 헤매고 온
너를 사로잡은 라면 국물은
쌈박하게 맛이 좋구나
혀끝에 착착 감기는
라면 사리 같은 생이라면
즉석이면 어때
얼마든지 용납해 줄 수 있을 것 같아
돌아가든 질러가든 가기는 가는
별미로 먹는 음식처럼
우리의 가는 날이 매 순간
쌈박하다면
질릴지도 몰라

늘 차려내도
같지 않은 맛
우리의 삶도 그러할진대
무엇이 별미가 되어도 좋은
길다면 길고 짧다면 짧은 날들

비 오고 출출한 저녁이
다른 너를 데리고
집으로 왔다

밥 9

제주도 가는 날
밥통 뚜껑을 열고
주걱으로 휘젓고 나서야
아차 싶었다
이층 밥에 새 물을 붓고
취사 버튼을 눌렀다

입이 미어진 가방
자크를 만지작거리는 사이
밥이 되었다는
여자의 멘트가 들려왔다

이십 년 전
시어머님이 쓰시다 물려주신
스테인리스 밥통에 찰밥을 옮겨 담았다

현관을 나서는데
잰걸음으로 따라오면서
내 등을 두드려
무게를 느낄 수 없어도
발이 땅에 착지할 때마다
받쳐주던 단단한 손

한솥 찰밥이
인솔한 길
마음이 진득해져 갔다

밥 10

아침 일곱 시 십 분
당신은
현관에서
나와 깊은 포옹을 합니다

'오늘도 평안을 기도해요'

그의 등을 쓸고 있으면
촉촉해지는 마음
가만 있어도 웃는 눈이
만 개의 꿈길을 건너오는데

계단을 내려가는 발소리
당신 사십 년은
날마다 새날이었습니다

반듯한 앞모습처럼
뒷모습도 한결같은데

흘러가는 인파 속에서
파릇한 벼포기를 키우고
노랗게 익은 벼를
주머니 가득 채워 올 당신

양심의 가책 없이 먹어도
맛 좋은
따뜻한
한 그릇의 밥이었습니다

밥 11

뜨거운 햇살이
머리 꼭대기에
불을 놓는 여름이면
감나무 그늘에서
빗금으로 떨어지는 햇살로
목걸이를 만들었다

톡톡 소리를 내며 떨어지던 감꽃
지나친 날이
그림자도 남기지 않고
지워졌다

보리밥집
간판에 이끌려
구순의 어머니와 마주 앉았다
포실한 보리밥에
익은 열무김치
참기름, 고추장 넣어 비볐다

"엄니, 보리밥이 오돌오돌 맛있네"
"덜 퍼졌어도 먹을 만하다"

초록 물결 사이로
시리도록 푸른 길
엄마의 이마로 내려온 머리카락이
들썩이다 가라앉는
종달새
높은 톤으로 날아가는 바람

너는
저수지의 수면을 떠나왔고
나는 보리밭 속으로
빠져들었다

밥 12

정지문 앞
어둠이 우묵해지면
솔 냄새를 풍기며
굴뚝으로 솟던 연기

밥상 앞에
둥글게 둘러앉아
기도하는 마음으로
숨을 죽였다

달빛은
대나무 이파리를 건너가고
아버지의 헛기침에
일렁이는 등불

바늘땀 같은
어머니의 하루가
지붕 위에
흰 박꽃으로 피면

필연의 잠이
푹푹 내리는 저녁
아이 입가에
샛밥 두어 개 붙어 있었다

밥 13

밥 냄새가
나는 쪽으로 풍선을 날릴까요

밥에도
색이 있다면
무슨 색이 어울릴까요
빨주노초파남보
월화수목금토일
끼니마다 다른 색 밥을 하면
반찬이 필요 없을지도 몰라요

아침밥은 노란색
점심밥은 푸른색
저녁밥은 보라색

밥이 오감을 열면 어떤 꿈을 꿀까요

무지개 식당 간판을 달고
시식 코너에서
당신을 기다릴게요

밥 냄새가
나는 쪽으로 풍선을 따라와요
평생 먹어도 처음처럼 맛있는
거기에 그렇게
있어도 없는 것같이
없어도 있는 것같이
언제나 따뜻했던
밥
마음 닿는 길로 따라오세요

밥 14

시간을 몰고
역으로 들어서는 지하철
역과 역 사이에
하루의 수레를 끄는
순전한 소들

끼니때가 도착하면
일제히 사무실을 나와
고층 아파트와 빌딩
고궁 앞을 지나 뒷길
출판사, 영화관, 한복집, 병원, 약국
골목에서 골목으로
샛길에서 샛길로
목울대를 지나가는 국숫발
달걀 푼 만둣국
추어탕에 빠지는데

이쑤시개로 점심을 지우고
한잔의 차가 유머가 되는
낱알 몇 개를 채집해 주머니에 넣고
시간의 틈새에 몸을 좌정해

일용할 양식을 기다리는
양들이
가득한 집

오늘도 다행히
아침 길을 되짚어 오는
당신은
가장 확실한 밥 차

밥 15
― 장례식장

시간만 나면
밥 먹자던 너는
국화 만발한 동산에서
볼우물이 깊다

방명록에 이름을 적고
너와 눈을 한참 맞추고

'식기 전에 먹어 봐'

우리는 같은 날에 다른 길에 있구나

밥 한 수저
얼큰한 육개장이
저절로 목으로 넘어가는데
네가 던져 놓던 말은
웃음 통장에서 꺼낸 잔고 같아

투명한 네게 손을 내밀어
함께 걸었던 공원길과

무릎을 주무르며 앉은 벤치
바스락 소리가 들리면
나도 모르게 돌아보게 돼

우리의 거리는
마음으로도 알 수 없어
손을 내밀어 너를 만지고 있어
식탁 위에
방울토마토, 땅콩, 절편, 홍어회무침~
익숙해진 습관이란
무서운 것이구나

네가 차려 놓은 밥상에서
내가 밥을 먹는다

밥 16

1
잘 살아라
암~ 잘 살아야 한다
밥은 묵고 사는 집이여
밥 못 묵고 산 집도 있당가요
밥도 밥 나름이제,
밥 묵다 일생이 가는 것이랑께
아부지, 걱정 말어라우
아부지가 주신 밥 묵고~
속 심지 똑바로 채우고 살었는디요

2
구두 뒤축이 닳도록 걸어온 그의 생이
식탁에 따끈한 밥,
평생 놔주고도 티도 안 낸 사람이지라우
사람 보는 내 눈이 보통이 넘은 것 같어라우
오매! 말실수 했어라우,
이것은 겸손한 태도가 아니구만이요
생각해 본께 내가 한 것은 아무것도 없지라우
그분이 베풀어 주신
경계 없는 은혜를 먹고 산 것인디
아부지가 내 아부지여서 싫기도 하고
좋기도 했지라우
아부지! 좋아하는 고들고들한 밥 차려 놓고
마주 앉고 싶은디
별나라에서 끼니때는 뭘 드신당가요
여그서처럼 절대 끼니 건너뛰지 마시랑께요

밥 17

둥근 해가 솟는 아침
둥근 가마솥에
둥근 물방울과
둥근 쌀이 섞여
둥글게 익어가는 밥
둥근 수저로 밥을 떠
둥근 입술을 벌려
둥근 입속으로 넣어

둥글게 손잡고
둥글게 살아가는 하루
둥글게 울며 웃으며
둥글게 속삭이다가
둥글게 서로의 등을 두드리며
둥글게 저녁해가 진다

둥근 고백을 듣고
둥글게 몸을 말고 잠든 밤
둥근 달과 별이 뜨는
둥근 꿈이 찾아오는
둥글게 둥글게 둥글게…

밥 18

길가에
이밥 꽃 밥상

하루의
보드랍고 삼삼하고 느긋한
길을 되짚어 오는
이마가 환한 너의
눈꼬리에 달린 웃음
물에 분
쌀을 건져
찜 솥에서 한 짐을 올리고
찜 솥에서 두 짐을 올리고 나면
고슬고슬한 찰밥

너에게 진상된 한 끼가
특별할 것 없는
그날이 그날이었어도
입속으로 느껴지는 찰기처럼
너에게
감격하는 날이 있었지

포기하기엔 이르고
다시 꿈을 꾸는 것도 염치가 없어
다른 쪽으로 시선을 던지면
한 번도 본 적 없는
광장에 도착해 있지
그런 날에는 꽃밥 대신
찰밥을 먹어

밥 19

썰린 무뚝뚝한 무
몸을 불린 쌀이
부피를 늘려가는
매운 연기 속, 앉아 계시던 어머니
열한 개의 위장을 다독이며
97년을 사시고도
고맙다고 하십니다

수시로
퍼지던 아늑한 냄새를 따라가면
눈물이 말라붙은 얼굴을
애잔한 눈빛으로 건너다보시던
한쪽으로 기운 어깨너머에
둥근 상이 보여요

아무 때나 먹어도 줄어들지 않은
착시 속의 한 그릇
다독다독 평안의 시간으로
나를 인도하는 따뜻한
시간의 밥

푸른 하늘
보름달 아래
가을편지를 써요

어머니, 나의 어머니
햅쌀을 씻어서 밥을 할게요
밥물이 제대로 맞을지
물을 붓고 손등을 들여다봐요
짐작보다 감각이 더 미더워요
내 안의 물이 고여요
어머니랑 마주 앉아
이마를 맞대고 싶은 날입니다
이 새벽도 무사하시지요

밥 20

그녀의 생일날
누룽지 오리 백숙을 먹으러
양평에 갔다

강 건너
붓질하는 녹색 여름
거미줄에 걸린 나비가 풀썩~
구름 향불이
나비 혼을 데리고
허공을 질러갔다

우리는
어디쯤인지 짐작도 할 수 없고
도착할 그는 아직 당도하지 않았다
형용사로 넘어가는 오후
사람들이 불어났다

알아차린 것들이
배 속을 따뜻하게 채워 주던
몇 점의 기억이
강물처럼 굽이쳐 흐르고
물 위에 뜬 달도 흘렀다

물에 젖은 당신은
하얗게 불어났고
신비의 城에서
우리는
밥이 되어 가는 중이었다

밥 21

어딘가
항상
나를 기다리는
사람이 있다면
안심하고 살 수 있을 것 같아

나도
항상
너를 생각하며
이곳에 서 있을게
......

따뜻한 밥
지어 놓고
널 기다릴게
통밥 굴리지 말고
와

밥 22

한 끼를 건너뛰면
밥 냄새가
오장 육부를 뒤집어
기적 소리를 내며 지나가는 것들
공허한 입속으로
빨려 들어오는 말랑한 것들이
한 개, 두 개…
오늘도 익숙한 메뉴여서 다행이다
수없이 반복하고도
신선한 끼니
얼굴이 여러 번 바뀌어도
위장은 거짓말을 못 해
백 개의 구덩이에
점액 세포, 자이모겐, 가스트린, 염산,
엔테로크로마틴
파동이 전파로 물결을 이루고
지그재그로 비틀거리는 비문
위장 속에서는
같은 처지다

계절은 먹을 것을
시도 때도 없이
문밖에 배달해 놓고
머릿속도
먹을 것 천지다

우리는 밥벌레
아닌 척 살고 있다

밥 23
– 아버지 마지막 끼니

일생을
타악기로 쓰시던 몸
채 두드린 자리 비늘이 수북했다

입으로 음식을 먹지 못한 지
여러 날이 지나갔다
미지근한 물과
간 쇠고기를 채에 걸러
죽과 섞은 끼니는
콧줄을 타고 위장으로 흘러들었다

콧줄과
소변줄이 뽑히고도
흰 얼굴엔
남아 있던 맑은 미소
시간이 썰물로 빠져나가고
다시 돌아오지 않아 애가 탔다

실비 속에
길도 훌쩍거렸다
발이 치마폭에 걸려
손목뼈에 금이 갔다

아버지~~~
바람이신가요
사방에 쏟아지는 빛이신가요
내가 생각하면 되짚어 오시는 것
아주, 가지 않았지요
아버지 지분 앞에
무릎을 꿇어요

밥 24

둥근 방죽에
연꽃이 벌어지고 있네
한 송이 또 한 송이
벌어지는 꽃잎에
알알이 들어찬
세상의 연밥

창으로 빛이 스미네
베개에서 머리를 들어올려
질서에 편입되는데

바람 속에서
연못 가를 몇 바퀴 돌았네
잡힐 듯 잡히지 않은
애가 타서 입술이 터졌네

날마다 오고 가는
우리의 자취가
그림자로 지워져도
항의 한번 못하고
여러 날
오한으로 몸이 떨렸네

역린 지화로
꽃이 지고
실한 연밥
알알이 차오르고 있었네

밥 25

민들레 홀씨들이 흩어져요
흰 밥알을 등에 태웠어요
골목과 빌딩 숲을 넘어
폭이 넓은 강가에 닿았네요
방금 지나친 강물 길이 지워졌어요
건너편 길을 달리는 것이 보여요
숨이 턱에 닿도록 뛰어요

흰옷을 입은 사람들과
검은 옷을 입은 사람의 행렬이 물결로 흘러가요
흘러가는 홀씨가 아름다워요
나만 따라가는 줄 알았어요

셀 수도 없는 수저들이 햇볕에 반짝여요

길모퉁이 민들레 밥집이 보여요
압력솥 뚜껑이 돌고 있어요
허공을 채우는 냄새가 맛있어요

세상에 없는 사람이 그립나요

세수하지 마세요
모자도 벗지 마세요
옷도 갈아입지 마세요
구멍 난 양말도 그대로 신고 와요
아무 때나 와요
먹는 것은 신선한 일
그래서
선포하는 것입니다
모든 마을은 밥집입니다

약속

약속이 지나갔다

창 너머
나뭇잎들이 들썩이다 가라앉았다
사람의 무리가
풍요롭게 흘러가는 길
앉은 자리가
점점 따뜻해졌다

헛되고 헛된,
지금도 헛된, 일 분이 지나갔다
카페 문이 열리고
같이 온 투명한 시간이
빈 의자를 채웠다

타이밍은 까치발 소리에 묻히고
문이 열렸다 닫히는
만남과 이별 속속 들키고 있었다

동쪽에서 바다를 만나고
서쪽에서 산을 보며
밥을 생각하는데

섞인 말들이
파지로 썰리고
너의 얼굴이 생각나지 않았다
나는 노력하며 앉아 있었다

건축법

자막으로 지나가는
아나운서의 멘트
"○○○ 주상복합건물에서 추락사"
날개 없는 사람이 추락하는
건축법에는 직선과 곡선의 제약이 없지

무시로 지나는 점
골목을 휩쓸고 있었다
유리창이 덜컹,
노래가 흘러나왔다
그와 헤어지고 나서 들었던 노래
얼마나 많은 이별을 해야
노래를 듣고도 울지 않을까
그림자가
갈지자로 흔들렸다

때는 허망했고
이별은 교묘했다
그분이 만든 수많은 창에는
뜻 없는 빛이 부서졌다
우리의 기도는 어디까지가 진실이며
어디까지 유효한지

날개 없는 사람들이 추락하는
그곳 건축법에는
직선이나 곡선의 제약이 없었다

춤추는 손가락들

빌딩 꼭대기로
비를 데리고 구름이 몰려왔다

얼굴 없는
고백은 뜨거워
모국어로 말해도 알아듣는 사람이 없다
우물거리는 것을
울음으로 해석한 사람들이 있다

풀도 족보가 존재했다
강물도 고향을 떠나왔다
빌딩도 번지수가 분명했다
개가 한 말이 도시를 돌아다녔다
책을 거꾸로 읽는 사람도 있었다
쓴 잔 들고 다니는 사람들이 넘쳤다

중독으로 찍힌 카드의 숫자
사무실로 들어가면
컴퓨터 앞에
굴비 두름처럼 사람들이 엮였다
자판 위에서 춤추는 손가락
양식에서 불꽃이 튀었다

눈치 보는 사람은
부탁할 일이 산더미처럼 쌓이고
들어줄 그는
넥타이를 풀고
책상에 다리를 올려
어찌 되었든
하루는 자기의 일을 마쳤다

섭리의 밥

자박자박 걸을 때도
속이 든든했어요
삼십오만 종의 꽃향기는 준비되어 있었고
오백 억이 넘는 동물의
숫자는 끝까지 세지 못했어요
해와 달, 별의 거리
바다와 바람과 나의 거리
생각이 도착하는 곳마다 마을이 생겼어요
셀 수 없는 걸음 속에서도
빗물로 밥을 말고 새참으로 웃음을 먹었어요
그분이 터트려 놓은
수량으로 계산할 수 없는 샘물
내게 주어진 것이어서 마냥 좋았어요
집을 짓느라 산 몇 개를 벌채했어요
아버지 등뼈에서 쏟아진 소금 같은 쌀
어머니의 눈물무늬를 건너온 곡진한 끼니
사십 조의 미생물을 키우고도
칼칼한 슬픔이나 짱짱한 날들도
무게를 느끼지 못했고
희미한 표지판을 따라
노을빛 속으로 걸어갔어요

덧셈이나 뺄셈으로 답을 찾지 못했어요

내가 먹은 섭리의 밥
한 푼도
갚을 수 없을 것 같아요
다음에 오는 이에게
미안해요
정말 미안해요

그날 아침

아침 뉴스에
그녀의 근황이 발설되었다
태어난 지 삼십일 년
아파트 난관에서
동백꽃 송이가 바닥으로 추락했다
빌라 왕이
챙겨간 그녀의 보증금 칠천만 원은
전 재산이었다는데

잘못했어,
늦어서 미안해,
너의 손을 다시 잡을 수 없어
저림이 발끝으로 쏟아져 내렸다

우린 어떻게 왔지?

두 발로, 전철, 버스, 자가용, 비행기, 미사일…

담벼락에 단어를 적고 있는 사람

서류에 적힌 집의 숫자는
점점 불어났다
집이 흔들렸다
유리창이 들썩이다 가라앉았다
옷처럼 걸린 그녀

안돼…

건너편 옥상
빛이 쳐놓은 커튼이 바람에 휘날린다
공중의 까마귀가 귀청을 찢는다

4부
낙엽 세공

보라 | 간지럼 | 어째야 쓰까 | 낙엽 세공 | 메디컬 | 풍경

도장 | 흰 | 공원을 독서해요 | 유월을 베껴요

낮은 것 | 지나간다 | 수건 | Happy Day | 까마귀

겨울로 가는 마음 | 미끼 | 나의 생 | 이만하면 | 두레상

촉수 | 그날 | 오후 다섯 시 | 지금 | 날벌레 | 능금

비수기 | 누에를 아시나요 | 부추 | 예약했습니다

보라

소리 없이 열리는 하루를 보라, 안개의 군단을 보라, 라일락 꽃잎을 보라, 흩어지는 향기를 보라, 창공을 쓸고 있는 바람도 보라, 고향집 꽃밭에 접시꽃도 보라, 화분이 넘치도록 핀 수국도 보라, 미루나무 뾰족한 우듬지에 새도 보라, 쓸쓸하게 지나가는 오전도 보라, 말없이 담담한 너도 보라, 전화기를 타고 들려오는 엄마의 목소리도 보라, 사랑하여 고담한 말도 보라, 딸아이의 치마도 보라, 조카의 눈웃음도 보라, 책장에 꽂혀 있는 책들도 보라, 너와 나 사이를 떠다니는 단어도 보라, 아무도 챙기지 않은 낮달도 보라, 통장에 찍힌 잔액도 보라, 노을이 지는 골목길도 보라, 담벼락에 빛바랜 낙서도 보라, 지문이 어지러운 문고리도 보라, 너에게 닿은 마음도 보라, 몰려오는 허기도 보라, 목이 막힐 때 마시는 동치미 국물도 보라, 냄비에 펄펄 끓고 있는 보라, 나를 통째로 집어삼킨 보라

간지럼

노부부가
맨발로 셔틀콕을 주고받는다
셔틀콕 깃털이
만져 놓은 나뭇잎이
깔깔거리는 소리
발바닥이 찍어놓은 무늬들이
웃음의 씨앗을 퍼 나르고 있다

봄바람
이 다리 저 다리를 건너다니며
간지럼을 태우고 있다
웃다가 눈물까지 번진다
몸을 비비 꼬며
쏟아놓은 부스러기를
냉큼냉큼 받아먹는데
배는 하나도 부르지 않고
겨드랑이
사타구니로
건너다니는 간지러움

제비꽃 입술에
루주를 바른다

어째야 쓰까

단풍이
기가 맥히게 이뻐서
한 장을 주머니에 넣고 오는디
자꾸 말을 걸어라우
내가 지를 닮았다고
안하요

아무리 꼽씹어 봐도
닮은 구석이 암것도 없는디
자꾸 우겨싸서
다시 꺼내 손바닥에 올려놓고
보니
찬말이여라우

반은 붉고
반은 노란 것이
내 안과 밖을 홀랑 뒤집어
놓은 것이랑 같어라우
오매! 맴이 찔리기도 하고
무참하기도 해서
도로 제자리에 갖다 놓고
돌아서는디
나더러 모질다고 안 하요
이라지도 못하고 저라지도 못해
엉거주춤 서 있다가
냅다 뛰어부러써라우

낙엽 세공

가을이
낙엽을 널고 있다
일요일 아침
푹신한 낙엽을 밟으며
기도하러 가던 길
낙엽 몇 장을
성경책 갈피에 끼웠다

나뭇잎을 세공하던 그분이
손을 흔들면
하늘에서
무수한 잎들이 떨어진다

한 해의 봉헌이
단풍으로 물들어
속절없이 떨어져 내리는
떨어져 내리는 누더기의 날들

어제 낮에 너는 나비를 잡아 나뭇가지에 걸었고
오늘 밤에 너는 꿈만 꾸다 말고
내일 낮에도 너는 가을 길만 걷다 돌아오고
저린 꿈과
저린 이별과
저린 사람들이 덮고 잔 얼룩진 담요
저린 사람들 위로 낙엽이 진다

낙엽이 사태로 쏟아지는 길에서
잠시
뒤를 돌아본다

메디컬

아버지는
아흔아홉 살에도
열 개의 발톱이 부드러웠다

젊은 시절에는
목소리가 장맛비보다 급했고
정오에 부는 사이렌 소리를 제쳤다

등쌀에
손톱 발톱을 숨기고
쑥과 마늘을 먹으며
팔딱거린 심장도 들키지 않았고
강해진 관절과 근육도
목적으로 단련되어 갔다

정조준으로 쏜 화살이

빗나가기도 하면서

새로운 것으로 분절되어 가는 동안

이웃의 작은 울음에도

지나치지 못하는

느낌 있는 사람이 되어 갔다

수없이 왔다가 사라진

일출과 일몰이

부러진 체질을

다시 이을 수는 없어도

아버지의 발톱은

마지막까지 부드러웠다

풍경
― 고향 마을회관에서

점심때 마을회관으로 아짐들이 모여들었다

본 면 아짐이 미나리 초무침을 무치고 있었다. 젓가락이 욕심대로 벌어져 미나리를 집어 올리던 안다니 떡, 아이고 시구러 빙초산이구만 신맛은 레몬이 젤 좋은디… 식품영양학 듣다가 우리 귀가 눈을 떴지라우 또 설교 시작했네! 입가에 양념이 안 묻게 집어묵어야제 젓가락 부러지겄어, 저기 안풍 아짐 며느리도 안다니 떡하고 같은 김씨 친척 이제 잉, 그쪽 김씨는 김해 김씨고, 나는 광산 김씨요. 같이 묶지 마시랑께요. 안다니 떡을 고흥으로 보내야 쓰것어라우 "뭔 소리랑가" 인공위성을 쏜다고 머리 쓴 사람들이 다 모였다는디 강진서 고흥은 거리도 가깝고 여그서 콩이야 팥이야 하기에 아까운 사람잉게… 핸드폰으로 문자 잘 날리는 공 여사에게 부탁해야 쓰건네 그사이 무친 미나리는 사라지고, 혼자 다묵어 블면 어쩌까잉 안다니 떡, 뭔 참견을 할라고, 중력이~ 중력이 입만 달싹달싹~ 오매 파란 미나리 줄기가 안다니 떡 목덜미를 휘감어 부렀어야 얼른 가위 좀 주랑께요. 바람에도 숨넘어간 사람이 있써라우 얼른~

참말로 당최 알아먹을 수가 있어야지 잉

도장

더는 미룰 수 없어
새긴 이름
이게 진짜 내 이름이지

이미 도착한 것도
착지의 지점이 모호해
건너온 발자국도
남아 있지 않은 길

끝이 닳은
말씀이 바다로 밀려가
다시 돌아서 되짚어 오는데
너만 아는
너만 모르는
아무도 몰라서
더 쓸쓸한 길
언제나 빈손이어서
더 공손한
굽은 등에 실린
한 섬의 생

하얀 종이 위에 도장이 찍힌다

흰

흰 수건으로 얼굴을 닦는
그의 등 뒤로
희디흰 후광

그녀의
열린 앞섶에서
젖을 빠는 아이의 흰 이마에서
눈부시게 산란하는 별

희디흰 시선으로
점을 찍으면 걸어가는 것들

줄지어
흰 꽃을 피워내는
이팝나무 아래
아무 뜻 없이 지나가는 사람들

색으로 포장한 우리는
작은 것이 모여서
이루어내는 큰 것을
짐작도 못 하는데

오늘 외출 의상으로
흰색 원피스를 골랐다
흰 모자를 쓰고
흰 구두를 신고
흰 가방을 들고
흰 골목길로
아무도 모르게 스며들어 가

공원을 독서해요

호수가 된 어린이대공원
무더기로 부화한 새끼와
목소리가 변한 아이들이 친구의 이름을 부르고
사랑을 직조하는 부모들 시선이 엉켰다
아이는 꽃밭이 되고
분수를 배경으로 찍은 사진, 사막여우가 찍혔다

팝콘 제조기가 쏟아놓은 형용사는 분리도 못 하고
봉지에 담기는 족족 팔려나갔다
머리 위에 가정의 달이 둥실 떠 있다
감을 잡을 수 없는 얼굴은 저마다 다른 표정에 빠지는데

산책하는 길
산책하다 밀려난 길
어깨들이 부딪힐 때마다 옆을 돌아보는
건너오는 눈빛이 속속 잘려나가고
풀풀 날아다니던 것이
손을 뻗어도 소리 없이 지나가

연두와 녹색에 열광하는 사람들
풀밭에 돗자리가 펼쳐지고 도시락에 터진 입
우정 연정 수정 애정 투정의 표정

아무것도 먹지 않았는데
입속에서 씹히는 김밥 속의 오이
산책을 계속했다

넉넉한 품새의 공원
유입된 사람들을 덜컥덜컥 먹고 있었다

* 동서커피문학상 맥심상 수상작품

유월을 베껴요

비가 온다
고적한 공원길 하얀 안개 씨가 솟구친다
미니 축구장 트랙을 걷는다
열두 바퀴째
왼쪽 숲에서 비둘기가 구구~ 구구~
산새 지지공~ 지지공
오른쪽 축구장에 공을 쫓는 젊은이들
나이스~ 손뼉 치는 소리
우산이 빗방울로 콩을 볶고 논다
무릎까지 흠뻑 젖었다
얼굴들을 떠올리며 기도하는 걸음으로
둘레길을 걸어가
젖은 의자 위에 버찌가 앉아 있다
화살표 끝에 맘대로 놀이터
풋살장 골대 뒤쪽에 붙은 현수막
'세상을 변화시키는 일'
빗속에서 공을 쫓는 아이들이
세상을 바꾸고 있다

물에 퉁퉁 부은 버찌들이 밀려가고
집으로 돌아오는 길
비에 젖고 있는 자전거 안장에
잠깐 우산을 씌워 주었다
뒤에서 누군가 잡아끈다

어제 문협회의 때 밥값을 내주신
구순을 넘긴 길수 회장님이
내 곁에 소환되어 계시다
강낭콩을 넣고 밥을 안쳤다
나물을 다듬고 삶고 무치고
밖에 비가 그치고
주방의 분주함도 가라앉고
한나절이 저만치 밀려나고
오전을 보자기에 싸
집을 나섰다

낮은 것

비탈에
걸려 있는 하얀 너울
빗물에 젖고 있네
여물지 못한 새것이 안간힘을 쓰네

낮은 것들이
낮은 아우성으로 위태롭네
불볕이
수분을 데리고 가네
그의 DNA는
다른 말로 판독되어 가네
내 것이 아닌 것과
억울한 것을 구별할 그분
한, 숨이 흩어지네

구름 떼가 몰려가고
황톳길로 양을 몰고 오는 사람
그를 따라 발걸음을 옮기네
말보다 좋은
고백이 다정하네

안녕, 나의 사랑아
숲속 틈새에서
들려오는
낮은 속삭임
오래도록
그곳을 마음에 담았네

지나간다

시간이 지나간다

콩
콩
콩

내가 지나간다

동백꽃이 지나간다
나비가 지나간다
생각이 물결을 이루며 지나간다

손을 내밀어도
닿을 수 없고
마음에 담아도 보이지 않은

콩
콩
콩

흔적도 없이 무수한 사람들이 지나간다

수건

속이 훤하게 비쳐도
버리지 못했던
열한 식구가 살던 시절 다짐했었다
사는 동안
보송한 수건을 걸어 둘 거라고
기념일에
받아온 선물 중에
수건이 제일 반갑던 때
1980년대였다
세면대 앞 너는
항상 보송하게 걸려 있다

무수한 흔적을 지워 내고
새겨진 기념일들이 희미해지고
씨실과 날실이
끝내는 얇아져
세월의 손에 착착 감겨

사십 년
한 지붕 아래 산
나이든 그를 닮았다

Happy Day

눈이
깊어지고
콧구멍이
세모
네모
둥글게 손짓을 하는데
들어와 어서 들어와

입술이 들리는 사이
나는 가슴에서 놀고
너는 배에서 노는

자세히 보면 애잔하고
말이 없어도 알 것 같은
길들어 편한 여기

아무 말이어도 좋아
눈곱이 달려도 좋아

냉장고 문을 열고
남은 반찬으로 밥을 비벼
입이 미어지게 떠먹어도 좋아
바라보다 웃고 마는
오늘도
Happy Day

까마귀

전봇대 위
까마귀가
홀로 앉아 까~악 까~악

공원의
나무꼭대기로 날아가 앉았다
까마귀의 시선이 자주 바뀐다

나보다 너를 잘 아는 새
지금은 때가 아니야
소식을 전하지 마라

119의 다급한 소리가 거리를 채운다
들어 올려진
낡은 실의 한쪽 끝
가위 날을 데지 마
질긴 부름에 귀를 막았다

두리번거리던
까마귀가
한점으로 멀어진다

겨울로 가는 마음

마음은
가을 우듬지입니다
잎이 진 꼭대기에
바람으로 지나가는 방들이
셀 수도 없이 생겨납니다
바닥이 없는 방에는 아무도 살지 않습니다

누군가의 집
누군가의 생존
이름으로 불리지 않은 사물들이
고요히 흘러가고 있습니다
바라는 것은
흔적도 없고
실체가 없어서
거울 속에 비치다가 사라지고
나선형 계단이 자랍니다

계절로
넘어가는 숫자는
매듭이 없습니다
멈추는 시간도 알지 못합니다

뽀드득 유리를
오래도록 닦았습니다

미끼
– 여우

좋은 냄새야
양고기와
살구씨 기름이 날 미치게 해
어디쯤이지
냄새에 가까워지고 있어
나는 냄새를 맡는 천재인가 봐
이건 미끼야
아니야…
혀끝만 대보자
조금만 맛보자
숨넘어가게 맛있어…

너는 옳은 말만 골라서 하지

노후 걱정을 왜
근래 들어 듣는 최고의 정보
문을 걸어 잠갔다
자식에게만
나중에, 나중에 말해 줄 거야

하늘에 계신 그분보다
날 더 생각해 줘, 고마웠어

미끼를 먹은
여우
통장 잔액은 공
허연 거품 속에 누웠다

나의 생

고단했던 어제는
지나가서 가볍고
남아 있는 마음은 샛길로 새고

청춘의 생매장도 지나가
중년의 통 가지도 부러지고
흰 가루 물에 개어
반죽으로 치대다가
한쪽으로 밀어놓고
낮잠에 빠졌는데
안녕!
내 시린 별아
서러운 별아

산등성에 저녁놀
붉은 물로 번져

산마루
길게 뻗은 구름의 길도
붉게 물들어
꽃길만 같아

이만하면

이만하면 됐다
길 위의 놓아 주신 징검다리
깊은 뜻도 모르고 건너가고 있는데
비바람 흠뻑 맞고
현관 앞에 도착해
열에 뜬 이마 위에
놓아 주시던 물수건
그렁한 눈빛 건너
내게로 닿은 줄

세상의 무서움에
몸서리를 치다가도
고단한 발자국마다
고여 있는 따스한 말

어머니, 잘려 버린
중지 같은 삶 속에서도
이만하면 됐다
주문처럼 외우시던
그 말씀이
에코가 되어
창을 두드린다

두레상

찾아온 고향 사람들이
두레상에 앉아
양푼에 밥을 비벼 먹고 있습니다

어둠을 베고 누우면
늑대가 짝을 부르는 소리

원심력으로 밀려난 우리는
첫닭이 일어난
새벽으로 돌아가
입술이 늘어진 채
노래를 부르기 시작했습니다

다져지지 않은 길에서
세상을 돌아온 바람으로
담벼락에 낙서하며
자란 아이들은
다투어 통뼈를 키웠습니다

전설은
입증되었습니다
양품에 비빔밥이 바닥났습니다
익은 얼굴로
두레상 앞에 앉아 있는
거시기들…

촉수

오늘의
마지막 주자였다
뒤에 남은 길은 고요했고
볼 수 있는 것은
뻗은 길과 가로수
빛을 흘리며 지나가는 자동차의 물결
포개진 집에는
생전 한 번도 본 적 없는 너
인기척과 함께 왔다가
어둠 속으로 사라지는
낯선 실루엣

현관에
어지러운 신발들
윗목에 포개진 옷
어둠 속에서
껴안았던 너의 목이 가늘어
울컥했다

말랑한
당신의 문장을
손으로 문지르면
요술 램프처럼 쏟아지던 것들
저절로 고개가 끄덕여지고
문밖에서는
겨울 강이 캉캉 소리를 냈다

어둠이 살가운 저녁
옷 벗는 소리
촉수 하나 뻗어오고 있었다

그날

눈발이
꽃잎처럼 휘날렸다

버스정류장
의자에 앉아
엉덩이 밑에 손을 넣었다
길 건너 가로수에
마지막 잎새의 흔들림
잎맥에 금을 그으며 지나가는 것이 있다

입속에 갇힌
하얀 숨이
허공으로 새어 나가고

트랙에서
수시로 증발하는 사람들
사관(史官)의 터치로 해석되는 불안

나는
손등의 주름을 문지르며
한 무리 학생들을 따라
버스에 올랐다

겨울이 줄어들고
달팽이관을 흔드는 얘기
먼지처럼 푸석거렸다

오후 다섯 시

번민을 비지땀으로 씻은
내 몸은 가난하다

발길에 챈 길은
귀퉁이가 떨어졌다

오후 다섯 시 계단에 앉아
바랜 시집을 읽었다

창 너머 흔들리지 않은 나뭇잎은
무거운 여름을 건너는 중이다

나는 유목민
유전자가 탈락한다
뻗은 손은
뜻대로 거둘 수 없다
이마로 쏟아지는 빛이
마지막 타전이라는 것을
나는 확신했다

오선지 위 음표들이
침묵을 밀어내고
연주자의 손에 이끌려
해독되고 있었다

지금

네가
무슨 생각을 하는지
회계할 수 없는 날은
첫날이다

조급한, 말랑한, 때로는 뜨거운
도착하는 대로
먹고 또 먹어도
자꾸만 복사되는 틈새

아이들의 말랑한 팔과
맑은 눈동자를 지켜내야 했다
내가 진 빚은
살아온 날만큼 불어났다

오늘의 소식이 자막으로 지나갔다
남미에서는
홍수로 삼백 명이 죽었고
인도는 51.6도 불볕더위로
뿌리 없는 사람들이 죽어가는데

모르는 사이 진행된 일들
흘러내린 마음을 추켜올렸다

아이가 화장실로 들어갔다
변기에 물 내려가는 소리
하루가 물살을 가르며
지나가고 있다

날벌레

계단청소를 하러 오는 그녀는
우리말이 서툰 외국 여자
웃는 얼굴에
지나가는 지도

지면을 덮고 있는 먼지의 원소들
방금 만난 당신도
지워진 얼굴인데
그림자 위에 포개진 그림자
바닥에 무수한
날벌레의 사체들

유리창 너머
안경을 낀 여자가 걸어간다
그녀 손에 끌려가는
흰 강아지 목줄이 팽팽하다
어지러운 발자국 위로
넘어가는 페이지들
납작하게 눌린 것들이
일어서려고 안간힘을 쓴다

딩동
그녀가 왔다
죽은 날벌레가 수거되었다

능금

너를 만나러
청송 능금 밭으로 가
몽실한 순에서
깨어난 벌레들이 꽃 속을 드나들어
능금나무 아래
무릎이 하얀 사람이
성경 구절을 펼쳐
하룻길을 걸어온 석양빛이
고명으로 피어나

한쪽은 붉고
다른 한쪽은 보여 주지 않은
능금나무의 클라이맥스

입안에서 터진 뭉클함
입술 밖으로
줄줄 흘러나오면
나의 비밀은 들키고 마는데

능금 밭, 이랑으로
모자를 깊게 눌러쓰고
도착한 당신은
생전 처음 본 얼굴이었다

비수기

외로움이
절정에 닿으면
입안에 고이는 새콤한 맛

톱밥 위를 걸으면
까칠한 보풀들이
양말에 옮겨붙어
소나타의 음표들이
어둑한 숲에서
낙엽처럼 쏟아져 내려

나뭇잎을
손바닥에 올려놓고
들여다보면
잎맥을 따라 펼쳐진 하얀 길
바람이 무리 지어
돌아오는 발소리
사람이 돌아가는 발소리

갓길에서 난파되어
환상통에 시달리고
날마다 지워지는 이름들

때 이른
겨울에 발등이 붓고
헐값으로 지나가는
비수기

누에를 아시나요

우리는
범람한 봄에 물들었고
푸른 뽕잎은 녹색으로 신비해졌어요

여뀌꽃 속에서
뒹굴다 돌아온 동생은
싱그러운 풀냄새를 풀어놓고
보리밥에 고추장을 넣고 비볐어요

나는
뽕잎을 갈아먹었고
한잠 자고
허물을 벗었어요

빛의 타래를
감고 노는 동안
바람길에 몸이 가늘어졌어요

뽕나무 뿌리는 깊어지고
푸른 뽕잎은 두꺼워졌어요
동서를 가로질러 무지개가 떴어요
두 잠에 훌렁
세 잠에 훌렁
네 잠에 훌렁
날개가 돋아나요

순결한 나의 모든 것은 당신 것입니다
꼭 그렇다고 믿는 것은 아니지요
덤벙거림에 물음표 하나 달아보고 싶었습니다
오리무중인 나날이어도 믿는 대로 된다네요
안개보다 보드라운 비단길
마음대로 걸어 보세요

부추

길가 좌판에서
부추 두 단을 집으로 데려왔네
묶여 있는 끈을 풀어

어른거리는
창가의 환한 햇살
흰 쌀가루에
썰린 부추를 넣으면
발소리도 내지 않고 곁에 와
내 발목을 핥던 강아지

자작하게 아른거리는
봄 강물을 데리고 놀던
강물 같은 사람은
물결 속에 반짝이는데
어디 다녀 왔느냐고
묻지 않겠네

사방이 고소해지고
나도 고소해지고
마주 앉은 너도 고소해지네

화단에 핀
산수유 가지에
나른한 마음이 걸렸네

예약했습니다

천지간
단 한 사람
내 속에 사는 당신
언젠가
이가 부실해 씹지 못하고
귀가 고장 나 다시 묻고 다시 물어도
왜, 하필 당신이냐고 묻지 않겠어요

소박한 식탁에서
우리만 알던 맛으로
주고받은 눈웃음이 어제만 같아요

당신 시력이 흐려지면
손만 내밀어도 닿을 수 있는
곳에서 한 상이 되겠습니다
언젠가, 그 언젠가…
예약했습니다

혹 내가 듣지 못하면
당신의 노래로 깨워 주시고
눈이 흐려 더듬으면
향기로 길을 알려 주세요
언젠가, 그 언젠가…
예약했습니다

에필로그

나는 빚진 자입니다

　에덴동산에서 아담과 하와가 먹은 선악과를 생각하면서 아슬아슬했습니다. 간발의 차이가 빚어 놓은 세계의 역사는 지금도 다람쥐가 쳇바퀴를 돌리는 것과 같습니다. 인간이 등에 땀을 흘려야만 먹을 것을 얻을 수 있게 하신 하나님의 명령, 인간에게 주어진 숙명인 동시에 벗어날 수 없는 족쇄입니다.

　생명을 유지하는 밥이든 정신을 유지하는 밥이든 같은 맥락입니다. 생명은 곧 밥이고 그것을 부정할 사람은 한 사람도 없습니다. 밥이 식탁 위에 차려지기까지 자연에서 땅을 경작하는 사람이나. 사회에게 경제활동을 통해 얻은 밥이나 그 차이는 다를 수가 없습니다.

　내게 주어진 끼니 안에는 무수한 무늬의 입자들이 존재합니다. 나만 기억하는 특별한 이야기가 있습니다. 때로는 경건했던 끼니, 때로는 허기에 몰려 허겁지겁 먹던 끼니, 축제 속에서 먹던 달콤한 끼니, 그냥 때가 되어 의무로 먹은 한 끼도 그 시간이 준 특별함이 있습니다.

밥은 생명을 유지하는 장치이기도 하고, 인간이 평생 마주하는 고뇌의 한 부분일 수도 있습니다. 먹고 배설하는 가장 근원적인 행위가 그래서 슬프고 서럽고 아름답습니다. 세상에 태어난 모든 이에게 주어진 평등한 끼니는 사람이 가진 모든 것을 한 선상에서 생각하게 하는 장치이기도 합니다. 지구는 3조 개 이상의 식물을 키우고 35만 종의 꽃을 피우며, 500억이 넘는 동물을 품어 길러 낸다고 합니다. 그 안에 존재하는 사물들의 세계는 가늠할 수가 없습니다.

봄날이었습니다. 오후에 잠이 들었다 깨어 보니 다음 날 새벽이었습니다. 살아오면서 이렇게 깊고 오랜 시간 잠을 잔 것이 언제였던가 기억에 없습니다. 다른 세상에 도착한 느낌이었습니다. 물을 한 잔 마시고 계단을 내려갔습니다. 단풍나무 아래 한참을 서 있었습니다. 간간이 지나가는 자동차 불빛이 왔다가 사라지는 동안 나는 그곳에 없었습니다.
주기도문을 입속으로 중얼거리며 건널목을 건넜습니다. 알고 있는 몇 사람의 얼굴이 떠올랐다가 사라졌습니다. 이름을 부르며 기도하는 가운데 가슴이 턱 막히는 순간이 있습니다. 내가 걷는 이곳은 세계의 일부일 수도 있고 전부일 수도 있습니다. 시공간 또한 존재 밖의 공간일 수도 있습니다.
지나온 날들이 아득하게 생각되기도 하고 걸음을 떼는 아이처럼 서툴기도 합니다. 인식의 순간에 풀풀 날아다니는 바람이 되어 한 번도 도착한 적 없는 곳으로 떠납니다.

에필로그

한 번도 가 보지 못해 가 보고 싶은 세계, 그곳은 누구의 손길도 닿지 않은 땅일 것입니다. 아니 무수한 사람들이 살아낸 흔적이 화석으로 남아 있을 수도 있습니다.

우리는 태어나는 순간 에너지가 필요하고, 에너지는 숨을 쉬는 동안 생성되기도 합니다. 주어진 하루의 시간 속에서 스스로 만들어 내야 하는 에너지도 있습니다. 태양 에너지와 바람 속 신선한 공기, 맑은 물은 모두에게 평등하게 주어진 가장 값진 것이면서도 값없이 주어진 에너지입니다. 사물은 일출과 일몰이 이어지는 동안 먹어야 하는 숙명을 지녔습니다.

배가 고프면 억울하고 서럽고 슬픕니다. 삶의 애달픔에 시달리기도 합니다. 그 사람의 갈비뼈로 내가 만들어졌다는 것이 아픕니다. 기억할 수는 없어도 몇 개의 단어를 조합하면서 알게 되었습니다. 돌아갈 수 없는 그곳을 그리워하며 바르게 걸어가려고 애를 쓰고 있습니다. 그리운 고향 동산에서 맡았던 흙냄새, 나무와 풀꽃 향기를 기억합니다. 장작불이 달구어 놓은 아랫목에서 서로의 얼굴을 들여다보며 아무 뜻 없이 좋았던 때가 생각납니다.

너의 안부를 묻고 밥 먹자고 시간을 잡습니다. 그것은 네가 좋기도 하고 보고 싶기도 하다는 말입니다. 너는 내 생에 들어온 하나의 페이지가 되는 것입니다. 마주 앉아 음식을 먹는 일은 어떤 의식보다 경건하고 행복한 순간입니다.

어느 날 내가 살아오면서 먹은 밥값을 계산해 보고 싶었습니다. 그것은 숫자로 환산할 수 없다는 것을 알았고 눈물이 났습니다. 아주 오래전에 먹은 밥이 기억되어 내게 도착했습니다. 고마운 이들이 너무 많았습니다. 감사함이 천지간에 가득했습니다. 따로 떼어 나열할 수 없는 사물들의 은혜에 마음이 숙연해졌습니다. 내가 살아내고 있는 지금, 다음에 오는 이들에게 미안한 생각이 들었습니다.

살아오면서 내가 먹은 것들을 한 푼도 갚을 수 없다는 것을 알았습니다. 빛과 물, 공기의 값을 매기는 것은 저의 소관으로는 할 수 없습니다. 내가 알고 있다고 생각한 것은 먼지보다 작은 것이었습니다.

제 밥값을 대신 지급하고 계신 하나님께 무릎을 꿇고 엎드렸습니다. 요즘은 작은 일에도 자주 눈물이 납니다. 길에서 지렁이가 밟힌 것을 봐도 눈물이 나고, 다리를 절룩이며 걸어가는 사람도 안쓰럽고, 낡은 자전거를 몰고 가는 머리가 희끗희끗한 사람, 무거운 가방을 메고 가는 젊은이를 봐도 마음이 찡하고, 활짝 핀 장미꽃을 봐도 눈물이 핑 돕니다. 바람에 지는 낙엽에도 눈물이 납니다, 지는 석양빛에도 가슴이 서늘해집니다.

결혼식장에서 결혼행진곡이 울려도 눈물이 나고, 태어나는 아기를 보아도 눈물이 납니다. 세월이 지나가고 내 눈꺼풀이 더 헐거워지면 지금보다 더 많은 눈물을 흘릴지도 모르겠습니다. 웃고 있으면서도 울고 있는 나를 봅니다.

에필로그

눈물방울은 나의 참회의 기도이며, 하나님께 가는 징검다리를 놓아 주는 도구인지도 모르겠습니다.

흘려도 흘려도 마르지 않은 눈물이 내게 있어서 다행입니다.
나는 어느 곳에도 도착하지 못했습니다.
일어난 일들이 측은하고 고맙고 아픕니다.
나는 모두에게 빚을 진 자입니다.
모든 이에게 미안합니다.
미안합니다. 미안합니다.

같이 밥 먹어요.
김지영